W0329901

punctum 028

Karin Harrasser

Gegenentkommen
Beobachtungen zur kolumbianischen langen Gegenwart

Matthes & Seitz Berlin

4. Dezember 2022 – Prolog

Linz, Österreich | Meereshöhe: 266 Meter | Luftlinie zum Mittelmeer: 325 Kilometer | durchschnittliche Tageshöchsttemperatur (Dezember): 2 °C

Contraescape, Gegenentkommen, war der Titel einer Kolumne des Journalisten Enrique Santos Calderón, die über vierzig Jahre lang in der kolumbianischen Zeitung *El Tiempo* erschien. Enrique Santos Calderón ist der Bruder des konservativen Ex-Präsidenten Juan Manuel Santos, der 2016 das Friedensabkommen mit der Guerillabewegung FARC-EP unterzeichnete, den seit 1964 in Kolumbien aktiven »Revolutionären Streitkräften Kolumbiens – Volksarmee« (*Fuerzas Armadas Revolucionarias de Colombia – Ejército del Pueblo*). Dieser Friedensschluss war insofern überraschend, als Santos in den frühen 2000ern ein Weggefährte des rechten Präsidenten Álvaro Uribe war, der gemeinsam mit den USA eine militärische Offensive gegen die linken Guerillas verantwortete, von denen es neben den FARC-EP noch weitere kleinere Gruppierungen gibt, etwa die ELN (*Ejército de Liberación Nacional*). Dabei war Santos einer der Hauptverantwortlichen im Skandal rund um die sogenannten *Falsos Positivos* – falsch als solche eingestufte Mitglieder der Guerilla. Als Verteidigungsminister setzte er in einer geheimen Armeedirektive ein Kopfgeld von rund 1300 Euro für die Tötung von Angehörigen der Guerilla aus, was einem durchschnittlichen kolumbianischen Monatsgehalt entspricht. Das Resultat war, dass in den Jahren 2008 bis 2010 bis zu dreitausend Unschuldige ermordet und als Guerillakämpfer*innen ausgegeben wurden, etwa indem man ihnen FARC-EP-Uniformen angezogen hat. Sein Bruder Enrique hingegen ist einer der profiliertesten linken kolumbianischen Autoren. Er hat in den 1970er-Jahren mit Gabriel García Márquez das Magazin *Alternativa* gegründet. Seine Kolumne kritisierte hartnäckig die konservative Politik seines Landes.

In der deutschen Übersetzung von *Contraescape,* im Gegenentkommen, schwingt etwas mit, was mich immer noch erstaunt: Man begegnete mir als *weißer* Europäerin in Kolumbien immer mit Entgegenkommen. Manchmal hat mich das schockiert, fast immer aber beschämt. Wie kann es sein, habe ich mich gefragt, dass mir, die ich mit so vielen Privilegien im Gepäck und mit so wenig Wissen über die komplizierten politischen Verhältnisse hier ankam, so viel Vertrauen, Offenheit und Zuneigung entgegengebracht wird? Viele haben ihre Wohnungen geöffnet, ihre Erfahrungen geteilt, mir ihre Geschichten anvertraut. Darüber zu schreiben ist als Gegengabe gedacht. Aber wie in der Gabenökonomie häufig der Fall, wird sie nicht direkt gemacht.

Für ein Weiterleben in verflochtenen Verhältnissen scheint es mir unabdingbar, Verantwortung für unsere komplizierter werdende gemeinsame Vergangenheit zu übernehmen. Dabei bewahrheitet sich, was Svetlana Boym festgehalten hat: »The past has become much more unpredictable than the future.« Während Boym das Verhältnis von Nostalgie und der Politisierung von Vergangenheit im postsowjetischen Russland untersuchte, treibt mich die Komplikation des Verhältnisses zwischen der Geschichte der Kolonisierung und aktuellen Ungleichheitsverhältnissen um, genauer: die Bedingungen und Effekte ihrer Politisierung.

Denn zum einen arbeiten Historiker*innen und Kulturanthropolog*innen immer genauer die rhizomatischen Verzweigungen der historischen Wurzeln gegenwärtiger globaler Ungleichheitsverhältnisse heraus. Parallel dazu und im Wechselspiel damit artikulieren sich erneut Forderungen nach Kompensation und Reparation des geschehenen Unrechts. Erneut deshalb, weil Aktivist*innen und Theoretiker*innen sich dabei auf die letzte Welle dekolonialer Kämpfe in den 1960er- und 1970er-Jahren beziehen können, aus der so Verschiedenes wie die militanten linken Guerillabewegungen und die akademische postkoloniale Kritik hervorgegangen sind.

Umgekehrt ziehen auch die restaurativen Nostalgiker*innen der Rechten Belege aus der Vergangenheit heran, um identitäre Ansprüche und neoimperiale Ambitionen zu rechtfertigen.

Es ist die Ursachen- und Anknüpfungssuche einer Gegenwart, die sich uneins ist, die die Vergangenheit so unvorhersehbar macht. Je nachdem, wie wir gegenwärtige Probleme beurteilen und uns ihnen stellen, nähern wir uns der Gewalt der Vergangenheit unterschiedlich. Sie wird dann sinnlos oder bedeutungsvoll, gerechtfertigt oder ein Verbrechen gewesen sein, eine Fährte für ein Miteinander in Differenz oder die Erzeugerin von Ungleichheit.

Wir können die Gewaltdimension dessen, was der Eroberungsdurst der Neuzeit nach sich gezogen hat, verschieden nennen: (Neo-)Kolonialismus, Kapitalozän, Extraktivismus; und gewiss waren die Konsequenzen der (versuchten) Unterwerfung der außereuropäischen Welt heterogen und multidirektional, sie laufen nicht linear auf aktuelle Ungleichheit und asymmetrische Machtverhältnisse zu. Aber ganz gleich, wie wir ihn nennen: Der Kolonialismus ist in den relativen Wohlstand und die relative Sicherheit des Globalen Nordens bis auf Weiteres eingetragen, auch wenn beides inzwischen auch in Europa erschüttert ist.

Als Antwort darauf reagieren Rechte allerorten mit nationaler Abschottung und der Verteidigung von Privilegien. Es läuft auf eine Zerreißprobe hinaus, zwischen jenen, die zu Recht auf die Verantwortung der wohlhabenden Industrienationen pochen, etwa mit Blick auf Klimagerechtigkeit, und jenen, die ihren komfortablen Lebensstil als Leistung, ihre eigene oder die ihrer Vorfahren, verteidigen. Ein gedeihliches Zusammenleben in zerfurchten, global interdependenten Verhältnissen scheint derzeit in weiter Ferne, und die Vergangenheit bleibt unruhig und beunruhigend zugleich.

Indem ich für ein deutschsprachiges Publikum über Kolumbien schreibe, möchte ich versuchen, ein politisches Geschehen zu erschließen, das sehr weit weg erscheint, aber aufgrund ökonomischer, kultureller und politischer Dynamiken auch heute mit den Lebensweisen und politischen Entscheidungen diesseits des Atlantiks interagiert. Es ist ein Geschehen, das mir zugetragen wurde, etwas, das ich zurückgebe, indem ich es weitertrage. Der Text basiert auf zeitgebundenen Notizen, die aus der Frage entstanden, warum trotz des Friedensvertrags mit einem der Hauptakteure, den FARC-EP, im Jahr 2016 der Kriegszustand bis heute nicht beendet ist.

Der uribistische, also rechtspopulistische Präsident Iván Duque torpedierte zwischen 2018 und 2022 die Vereinbarung, wo er konnte: Menschenrechts- und Umweltaktivist*innen wurden gezielt ermordet, und die Aktivitäten paramilitärischer Gruppen haben zugenommen, zuletzt während des Generalstreiks im Jahr 2021. Auch die Bandenkriminalität, Drogen-,

Menschen- und Waffenhandel konnten nicht eingedämmt werden. Während seiner Amtszeit haben sich aber auch die »Spezialgerichtsbarkeit für den Frieden« (JEP – *Jurisdicción Especial para la Paz*) und eine Wahrheitskommission aktiv und nach Kräften bemüht, die Gewalt der letzten Jahrzehnte aufzuklären.

Seit August 2022 hat Kolumbien nun zum ersten Mal eine linke Regierung. Ihr stehen ein ehemaliger Guerillero als Präsident und eine Afrokolumbianerin als Vizepräsidentin vor. Gustavo Petro war in der urbanen M-19-Guerilla aktiv, die in den 1990er-Jahren den bewaffneten Kampf aufgab und sich in eine demokratische Partei transformiert hat. Seine Vizepräsidentin ist Francia Márquez, eine umweltpolitisch und feministisch profilierte Aktivistin und Juristin aus der Region Cauca. Die Regierung Petro hat die rasche Umsetzung des Friedensvertrages zugesichert.

Ich selber bin im Zuge universitärer und kultureller Austauschbeziehungen in die *peace-building*-Aktivitäten rund um das Abkommen von 2016 geraten. Deutschland war eines der Länder, die die Umsetzung des Friedensabkommens unterstützt haben, und es war eine der Leitideen dieses Engagements, dass eine »deutsche« Expertise zum Thema Erinnerungskultur sich mit den Prozessen vor Ort vermischen sollte.

Es kam dann auch so, aber auch ganz anders, und es wurde ein Prozess des Lernens, der viele meiner

Selbstverständlichkeiten durcheinandergeworfen hat. Erinnerungspolitische Vorannahmen – etwa über Phasen der Gedächtnisbildung – fielen wie ein Kartenhaus in sich zusammen, als deutlich wurde, dass auch ein Frieden äußerst gewalttätig sein kann. Das »Post-« in »Postkonflikt« zeigte sich als das Element einer Rhetorik der Hoffnung, die zynisch wird, weil Trauerarbeit und historische Aufarbeitung nicht politisch gestützt werden.

So unsicher wie das Ende ist auch der Anfang, und in Kolumbien herrscht in der Tat bis heute Uneinigkeit darüber, wann der Konflikt begonnen hat. Der Friede, gedacht als Kontrast zu einem Krieg, bezieht sich damit auf eine nur unzulänglich bestimmbare Phase. Der Friedensschluss mit den FARC-EP legt nahe, dass die Gründung der Guerilla der Beginn des Krieges war. Die Geschichtsschreibung rechnet jedoch anders: Manche rechnen bis zur Auseinandersetzung rund um Land- und Arbeitsrechte in den 1920er-Jahren zurück, als Aufstände mit großer Grausamkeit niedergerungen wurden. Viele zählen die sogenannte Phase der *Violencia* (»Die Gewalt«) zwischen 1948 und 1958 dazu, ein Jahrzehnt, in dem sich nach der Ermordung des beliebten liberalen Präsidentschaftskandidaten Jorge Eliécer Gaitán Anhänger der liberalen und der konservativen Parteien Kolumbiens in sogenannten Selbstverteidigungseinheiten bekriegten, aus denen die rechten Paramilitärs und die linken Guerillas erst hervorgingen. Oder liegen, wie ebenfalls argumentiert wird, dem Konflikt Ungleichheitsverhältnisse zugrunde, die im Grunde in kolonialen Besitz- und Rechtsverhältnissen gründen, die nach der Unabhängigkeit fortgesetzt wurden? Worauf bezieht sich also das »Post-« in einer unübersichtlichen Vergangenheit? Und wie fängt man mit Erinnern an, wenn die Vergangenheit dermaßen scharf in die Gegenwart ragt?

Die hier versammelten Notizen wurden in der Gegenrichtung eines Tagebuchs angeordnet. Sie entstanden im Rahmen von Arbeitsaufenthalten in Kolumbien,* aber auch in den Phasen, in denen ich in Österreich war. Die Texte wurden jeweils an Ort und Stelle geschrieben, für die Veröffentlichung jedoch überarbeitet. Die Fotos entstanden – bis auf die allerletzten – ohne die Absicht, publiziert zu werden.

Wenn die Texte und Bilder in diesem Buch chronologisch gegenläufig angeordnet sind, dann auch, weil ich eine Gegenwart schreiben wollte, die sich immer tiefer in die Vergangenheit hineinbewegt, die in beide Richtungen lesbar ist. Und die in beide Richtungen arbeitet. Das ist kein Lösungsrezept. Es ist ein Vorschlag, das Nachdenken über jene zerklüfteten Wirklichkeiten, die von ungleich verteilter, aber dennoch geteilter Verletzbarkeit hervorgebracht werden, als ein politisches zu verstehen.

* Zwischen 2015 und 2019 waren Hannah Hurtzig und ich mit der Mobilen Akademie Berlin und auf Einladung des Goethe-Instituts regelmäßig vor Ort, um uns mit dem Erinnerungsdiskurs in Kolumbien zu beschäftigen und ein Projekt zu entwickeln. Daraus entstanden zwei Filme unter dem Titel *Chronik einiger zukünftiger Ereignisse,* eine öffentliche Diskussion über Trauer und Erinnerung im Rahmen der Veranstaltung *La carretera al mar* und ein »Markt für nützliches Wissen und Nicht-Wissen«, der mit Unterstützung des Auswärtigen Amts mit der kolumbianischen Wahrheitskommission 2019 ausgerichtet wurde und dessen Ergebnisse online abrufbar sind {https://mobileacademy-berlin.com/de/nr-22-of-amphibious-cultures-container-terminals-and-liquid-tombs-colombian-stories-on-water/}, letzter Aufruf 7.12.2022. Ein weiterer Markt fand 2021 in Barrancabermeja statt: {https://www.acontracorriente.co}, letzter Aufruf 7.2.2023. Die Zusammenarbeit mit dem Kollektiv *H30* in Cali wurde in einem Studierendenaustausch mit der Kunstuniversität Linz begonnen, der im folgenden Band dokumentiert ist: Karin Harrasser, Sarah Sander (Hg.), *Laute Post. Weitererzählungen aus Kolumbien / Rerelatos Colombianos,* Wien 2021.

1. November 2022 – Tod und Teufel

Linz, Österreich | Meereshöhe: 266 Meter | Luftlinie zum Mittelmeer: 325 Kilometer | durchschnittliche Tageshöchsttemperatur (November): 8 °C

In meiner Erinnerung ist Allerheiligen ein Tag, an dem ganz und gar nichts Aufregendes passiert. Meistens war es ein grauer, nebelig-nasser Herbsttag, an dem man schulfrei hatte. Man ging auf den Friedhof und zündete eine Kerze am Grab von Verwandten an. Schon als Kind habe ich mich gefragt, warum das eigentlich zu Allerheiligen und nicht dem darauffolgenden Allerseelen gemacht wird, schließlich besuchten wir ja die ganz normalen Seelen und nicht die edlen Heiligen. Inzwischen ist ohnehin etwas durcheinandergeraten, weil am 31. Oktober nun überall Halloween gefeiert wird und Kinder und junge Leute als Tod und Teufel verkleidet durch die Straßen laufen. Dafür war früher der Nikolaustag vorgesehen. Am 5. und 6. Dezember waren die Straßen in Tirol, wo ich aufgewachsen bin, voll mit Perchten und Krampussen, die damals noch mehr Schläge als Süßigkeiten austeilten. Dazu kommt noch der mexikanische *Día de los Muertos*, diesmal wirklich: Allerseelen – ein Tag, an dem man auf den Friedhöfen mit den nahen Toten isst, trinkt und musiziert. Das ist mir sympathisch, ich habe aber keine Erfahrung damit. Gestern Abend bin ich in Wien gestrandet. Heute Morgen im Zug nach Linz lese ich dann die Zeitungsnachricht, dass die gesamte Linzer Innenstadt gestern Nacht gesperrt war, weil eine große Gruppe Jugendlicher Radau geschlagen hat. Die Jugendlichen hatten sich über TikTok verabredet. Linz sollte Athena werden, war ihre Parole. Sie bezogen sich auf den gleichnamigen Film von Romain Gavras und damit auf Aufstände in den Pariser *banlieus*. In Linz. Das nun wirklich keine Metropole mit weitläufigen, heruntergekommenen Außenbezirken ist. Aber auch hier gibt es Chancen- und Perspektivlosigkeit, gerade auch bei jungen Leuten.

Dann eine Whatsapp-Nachricht aus Kolumbien: Eine paramilitärische Einheit bedroht die Verantwortlichen des Volkstribunals (*Tribunal Popular*) von Siloé in Cali, das sich um die Aufklärung von gezielten Tötungen rund um den Generalstreik 2021 kümmert, mit Mord. Es ist ein hässlicher Brief, voller Beschimpfungen und mit einer Morddrohung, die Namen nennt. Außerdem die Drohung, dass alle bezahlen werden, die mit dem Volkstribunal zusammenarbeiten. Die paramilitärische Gruppe, deren Briefkopf das Schreiben trägt, hat bereits öfter gemordet.

Die Nachricht wurde am 30. Oktober überbracht, während des berühmten »Umzugs der Teufel« in Siloé, bei dem Gruppen von Maskierten, hauptsächlich junge Leute, musizierend durch die Straßen ziehen. In Cali dauert der Teufelskarneval ungefähr einen Monat lang und hat eine lange Geschichte, in der sich afrokolumbianische Traditionen mit anderen Bestandteilen mischen. Auch der *Día de los Muertos* spielt dabei eine Rolle, inzwischen sicher auch Halloween. Wenn ich zu Kolumbien unterrichte, lese ich mit den Studierenden immer das Buch von Michael Taussig über den Teufel als Fetisch und Widerstandsfigur. Der Ethnologe untersucht darin Bergbaugebiete in Bolivien und die Gegend um Cali, das Valle del Cauca. Er zeigt, wie der europäische Teufel von den Versklavten und der Sklaverei Entkommenen als eine Figur angeeignet wurde, die nicht für das absolute Böse steht, sondern für Ungehorsam, Ekstase und all das, was die Missionare verbaten und bekämpften. Der Teufelsumzug in Siloé ist üblicherweise ein fröhliches Fest. Er ist bewusst so organsiert, dass auch Leute aus anderen Stadtvierteln daran teilnehmen können, obwohl die *barrios* in Kolumbien oft durch sogenannte unsichtbare Grenzen getrennt sind, da die Sektoren von unterschiedlichen bewaffneten Gruppen kontrolliert werden. Im Schutz der Teufelsmaske dürfen diese unsichtbaren Grenzen überschritten werden. Vorgestern hat jemand die offene Atmosphäre und den Schutz der Maske dazu genutzt, um einem Kind die Morddrohung in die Hand zu drücken. Die katholische Kirche hat den Teufel an die Wand gemalt, um Angst und Schrecken vor dem Jenseits zu verbreiten und damit die Gegenwart moralisch zu beherrschen. Die Machtlosen sind in seine Maske geschlüpft, um sich dagegen zur Wehr zu setzen. Und der Paramilitarismus infiltriert jetzt in Teufelsmaske die geteilte Gegenwart mit dem Tod.

12. September 2022 – Trümmer

Zwischen Frankfurt/Main und München, Deutschland | Meereshöhe: ca. 300 Meter | Luftlinie zum Mittelmeer: ca. 400 Kilometer | durchschnittliche Tageshöchsttemperatur (September): 21 °C

Vor dem Abflug habe ich in Bogotá noch Rodrigo getroffen. Er ist Violinist in der Philharmonie und der Sohn jener zwei ELN-Mitglieder, in deren Privatarchiv ich in La Paz in Bolivien Einblick nehmen durfte. Rodrigo war ungefähr zehn Jahre alt, als seine Eltern eine Zelle der bolivianischen urbanen Guerilla gebildet haben, ein Seitenarm jener Guerilla, die von Ernesto Che Guevara ins Leben gerufen worden war – und deren erste Kampagne gnadenlos gescheitert ist, inklusive des Todes von Che Guevara im bolivianischen Regenwald 1967.

Rodrigo erinnert sich an Details: Briefe seien an der Haustür abgegeben worden, Geld wurde wohl transportiert, wahrscheinlich auch Waffen. Jedenfalls sieht man auf einem Foto im Familiennachlass das Paar während des Banzer-Putsches 1971 in Ponchos gehüllt auf der Straße. Unter den Umhängen sind ziemlich sicher Gewehre versteckt. Seltsame Vorgänge für einen Zehnjährigen. Nach dem Putsch ging die Familie ins Exil nach Chile zu Salvador Allende. Rodrigo musste am Bein operiert werden. Man flog nach Kuba, wohin die Eltern beste Kontakte hatten. Während des Krankenhausaufenthalts in Havanna 1973 dann Pinochets Putsch, der Rückweg nach Chile verschlossen, alle Habseligkeiten verloren. Man blieb also eine Weile in Kuba, Rodrigo ging dort zur Schule und im Anschluss zum Violin-Studium nach Moskau. Seine Frau ist die Tochter eines der Gefallenen von Ernesto Che Guevaras Guerilla von Ñancahuazú. Im Flur der Wohnung hängt ein großes Bild des Schwiegervaters in jungen Jahren. Darauf sieht er ein wenig aus wie Elvis Presley, von dem es ebenfalls Fotos in Soldatenuniform gibt, die vom US-Militär propagandistisch verwertet wurden, genauso wie dieses von den Kubanern. Aber hier dient es der privaten Erinnerung.

Wir reden lange. Über seine Erinnerungen, mögliche andere Auskunftspersonen, die Frage, wie sich politische Geschichte und Familiengeschichte als Beziehungsgeflecht erforschen und darstellen lässt; über den hoffnungsvollen Moment jetzt gerade in Kolumbien. Gustavo Petro, der im Juni zum Präsidenten gewählt wurde, erscheint auch ihm als der richtige Politiker zur richtigen Zeit, wenngleich die Aufgabe für das Wahlbündnis *Pacto Histórico* – die Beendigung des bewaffneten Konflikts, die Schaffung sozialer Gerechtigkeit, die Reduktion der Abhängigkeit von internationalen Märkten – riesig und kaum bewältigbar scheint.

Von Rodrigos Wohnung aus sieht man auf die Baustelle des im Entstehen begriffenen Centro Nacional de Memoria Histórica, das hier alle nur Centro de la Memoria nennen. Es wird bald fertig sein. Bereits jetzt ragt es zackig in den Himmel, die Gebäudeteile wirken wie unleserliche Buchstaben, grauer Beton, *landmark*-Architektur. Als Hannah und ich vor Jahren mit der Recherche zum Friedensprozess begonnen haben, sahen wir ein Modell des Gebäudes im provisorischen Büro der damaligen Leiterin. Der Architekturwettbewerb war 2016, der Ort steht seit Langem fest, aber der Bau hat erst in den letzten Monaten begonnen. Meiner Erinnerung nach sah das Gewinnerprojekt des Wettbewerbs wie eine Zirkuskuppel aus, das Dach spitz zulaufend, aber nicht so schroff in den Himmel ragend wie bei dem realen Rohbau. Ich täusche mich sicher, das ist Jahre her. Buchstabenlandschaften, gespannte Symbolgeometrie, Bedeutungskanten, dazwischen Schluchten, *voids*: Das trifft den Zustand der Erinnerung in Kolumbien ganz gut. Sie wird hier noch lange ein Kampfplatz sein.

Überall in Bogotá, aber auch in Cali, der »Hauptstadt des Widerstands«, haben *murals* und *graffiti* als populäre Visualisierungen des Protests die ganze Stadt mit neuen Zeichen überzogen. Das Gleiche ist auch im und auf dem Gebäude des Museums der Erinnerung an die Gewalttaten des *Sendero Luminoso* und der Aufstandsbekämpfung durch den peruanischen Staat in Ayacucho passiert, das ich erst kürzlich besucht habe. Es ist ein Museum, das Aktivist*innen und Angehörige der Opfer betreiben; außen bunt bemalt mit Gesichtern und Botschaften, innen ein museales Sammelsurium: Fotos, die an die Opfer beider Konfliktparteien – der Guerilla und des repressiven Staatsapparats – erinnern, außerdem die Dokumentation der Aktivitäten der Angehörigen zur Wahrheitsfindung: Protestmärsche, Anklageschriften, forensische Nachforschungen, um die Körper der Terroropfer aufzufinden und die Gewalt zu belegen. Dazu bunte, handgeschnitzte *rentablos* genannte Hausaltäre, für die Ayacucho in ganz Peru bekannt ist. Sie zeigen die verstörenden Details der Zeit des Terrors: Hinrichtungen, Verschleppungen, Folter – alles *en miniature*, sorgfältig handbemalt.

Was vor Rodrigos Haustür entsteht, ist ebenfalls keine Besinnungsanstalt, sondern eine Zumutung, eine Ansage. Ich wünsche mir trotzdem, dass sich auch hier die nackte Felsfassade mit wechselnden Zeichen bedecken möge; mit *murals* und *graffiti*. Dass es nicht nur wohl durchdachte und didaktisch hochwertige Objekte enthalten wird, sondern dass die Erinnerung dort auch wuchern kann. Und dass der Raum von den Betroffenen angeeignet wird. Die hochaufragenden grauen Fassaden bieten jedenfalls viel Platz für Zeichensetzungen.

9. September 2022 – Zähne

Providencia, Kolumbien | Meereshöhe: 10 Meter | Luftlinie zum Atlantik: 0,5 Kilometer | durchschnittliche Tageshöchsttemperatur (September): 30 °C

Tourismus ist die im Kapitalozän wohl gängigste Erscheinungsform der Liebe zu den Dinosauriern. Und Providencia sieht in der Tat aus wie die Insel von *Jurassic Park*. Wenn die Fregattvögel über dem Wasser kreisen, sehen sie aus wie Flugsaurier. Die Insel ist das große Versprechen der Heteronomie, und so sucht das Auge der Besucherin alles, was das Andere der Jetztzeit ist – und findet es: überbordendes Wuchern auf dem Land und unter Wasser, archaisch anmutende Rochen, Haie und Vögel, bunte Häuser, wie aus einem Musikvideo, einem Karibiktraum entsprungen. Auch sichtbar sind die immer noch zahlreichen Baustellen seit dem Hurrikan Iota im November 2020, die viele Arbeit, die darin besteht, Gewächse, Tiere und die Elementarkräfte Wasser – als Meer von unten, von oben als Regen –, Wind, Erde in Schach zu halten. Ich zwinge mich, genauer hinzusehen – auf die Ruinen, die an die schönsten Strände grenzen. Waren die Bauwerke zu exponiert, um nun wiederaufgebaut zu werden? Sind die Besitzer*innen weggezogen? Das Wasser wird sich das Land hier wiederholen, entweder langsam, im

Tempo des Zahns der Zeit, oder stürmisch. Was vor zwei Jahren im Meer gelandet ist, ist jetzt schon von Korallen und anderen Organismen besiedelt – und für Taucher*innen ein willkommener Abenteuerspielplatz. Auch das Tauchen, als Naturerlebnis vermarktet, ist Ruinentourismus.

Ich habe es immer verachtet, Touristin zu sein, und bin es doch regelmäßig, auch jetzt. *Eupepsia Dyspepsia* heißt das Stück über die kulturelle Kolonisierung Südamerikas seit dem Barock, das ich gemeinsam mit der Komponistin Eva Reiter entwickelt habe. Gute und schlechte Verdauung als Bild für den inzwischen über fünfhundert Jahre andauernden Vorgang der asymmetrischen Aneignung und Verschlingung – das schien uns passend. Bodenschätze, menschliche und tierische Arbeitskraft, Genussmittel und Wissen werden seit Jahrhunderten von Europa verschlungen. Die Vertilgung der kulturellen Andersheit in Gesten der Verteufelung, in Akten des Verbots, in Abwertung als primitiv ist das eine; das andere ist die genussvolle Aneignung durch Exotisierung: Die Anderen werden wertvoll und begehrenswert, kostbar und köstlich, in dem Moment, in dem sie selten werden, bedroht, nicht länger bedrohlich. Erst dann wird das Andere erhaltenswert und gefeiert als nostalgische Erinnerung an eine schwindende Welt. Die Anderen wollen wir nur als Dinosaurier, als ausgebleichte, mehr oder weniger vollständige Skelette, nicht als Leute mit Bedürfnissen, Wünschen, Widersprüchen, mit Geschichte – die haben wir selber.

Gestern hat ein anderer Hausgast, der in New York lebt, zum Barbecue eingeladen. Unser kolumbianischer Gastgeber, der mehrere Wohnungen vermietet, musste dafür schuften: Feuerholz suchen, Fisch organisieren, ihn schuppen und ausnehmen. Abends schwitzte dann der New Yorker am Grill, bejubelt und beglückwünscht von den Gästen. Der Gastgeber hingegen saß den ganzen Abend still daneben, Fleisch und Fisch waren ihm zu scharf gewürzt, die Gäste sprachen mehrheitlich Englisch, das er nicht so gut versteht. Der New Yorker Architekt ist spendabel, er liebe es, zu bewirten, habe auf dem Zwischenstopp in Bogotá deshalb große Mengen Fleisch eingekauft. Bewirten, sagt er, das sei für ihn Urlaub. Unser kolumbianischer Gastgeber hingegen ist ein Künstler der *care*- und *maintenance*-Arbeit. Immer ist im Haus oder im Garten mit den Papayabäumen, Kokospalmen und allerlei anderem nützlichem Gewächs etwas zu tun: Die Hunde müssen versorgt, die Katze vom Dach gejagt, das Fenster verklebt werden, weil ein Mäuerchen gebaut wird, das den steilen Hang fixieren und das Wasser ableiten soll. Wenn wir nicht da sind, kehrt er die Küche. Immer hilft er mir, das Moped auszuparken, weil die Einfahrt etwas blöd in einer Kurve liegt und sowohl Autos als auch Motorräder manchmal recht knapp daherkommen. Kein Ausstellen von Gastfreundschaft, aber viele stille Gesten der Aufmerksamkeit.

Zum großen Barbecue kommen weitere Gäste: ein Paar, er aus den USA, sie aus Kolumbien, die auf Providencia gemeinsam Urlaub machen. Und die Betreiber*innen einer hiesigen Tauchschule. Sie ist Schweizerin, er ist von hier. Die Gespräche drehen sich um das Tauchen, das Inselleben, um Berufe, um Urlaubsanekdoten. Als ich von meinen Projekten rund um die Geschichtsschreibung von linker Militanz erzähle, klagt die Urlauberin aus Bogotá, Gustavo Petro wolle ebenfalls die Geschichtsbücher umschreiben. Er lasse nur die Sicht der Guerilla gelten, sagt sie. Ich denke: So kommen die Bemühungen der Wahrheitskommission, neue Unterrichtsmaterialien über den kolumbianischen Konflikt zu entwickeln, also bei den bürgerlichen Wohlhabenden und Gebildeten an. Die Kommission besitzt bei ihnen wenig Legitimität. Sie gilt als zu links und eindeutig parteiisch für die Guerilla. Und jetzt auch noch ein Ex-Guerillero als Präsident! Es muss sich anfühlen wie eine politische und kulturelle Niederlage. Und nichts ist politisch gefährlicher als eine Elite, die sich besiegt fühlt. Eine Tür, die für rechtspopulistische Kandidaten aufschwingt, etwa Petros Überraschungsgegner Rodolfo Hernández.

Der Begleiter der Kolumbianerin, der aus New Jersey kommt, lenkt das Gespräch, als er die Unstimmigkeit wahrnimmt, sofort gekonnt um und ist – dem Himmel sei Dank – kein Trump-Anhänger. Wir diskutieren darüber, wie die riesige Menge an Waffen in den USA aus einer rechten Bewegung eine faschistische machen könnte. Das ist seltsam verschoben, denn in Kolumbien ist ein rechter Putsch tatsächlich eine reale Option. Für die beiden scheint es sich jedoch so gar nicht auf Kolumbien zu übertragen. Vielmehr bleibt Kolumbien am Ende des Abends als ein Land im Gespräch, in dem zahnärztliche Eingriffe besonders günstig sind.

In einer der Szenen aus Fabrizio Terranovas Porträtfilm über Donna Haraway erzählt sie selbst über ihre Recherchen zum zahnärztlichen Idealgebiss, das ihr in US-amerikanischen Universitäten aus jedem Mund entgegenstrahlte. Dieses Ideal wurde im 19. Jahrhundert anhand von marmornen, antiken Götterstatuen gefertigt und in der Folge technisch verallgemeinert: in Zahnspangen, Prothesen und Zahnpflegemethoden. Passt doch, dass die inzwischen sehr gut ausgebildeten Anderen die maroden Gebisse des Imperiums reparieren. *Damit Sie auch morgen noch kraftvoll zubeißen können,* wie es in der Zahnpastawerbung heißt.

4. September 2022 – Sich wehren

Providencia, Kolumbien | Meereshöhe: 10 Meter | Luftlinie zum Atlantik: 0,5 Kilometer | durchschnittliche Tageshöchsttemperatur (September): 30 °C

Ein Meer in unzähligen Schattierungen von Blau, smaragdgrüne Iguanen, die schwarz-braun irisieren, und imposante, dunkle Krabben, die im Waldstreifen und in den Mangroven zwischen Straße und Strand hausen und sich vom Waldboden ernähren. Fast jedes Gespräch hat einen komödiantischen Einschlag. Zum Beispiel das Notieren einer Telefonnummer, angesagt in dem hiesigen, für mich peinlicherweise unverständlichen Englisch. Wir einigen uns am Ende darauf, Spanisch zu sprechen, eine Fremdsprache für den Taxifahrer und mich gleichermaßen.

Die Spuren des Hurrikan Iota sind noch sichtbar, unsere deutsch-kolumbianische Vermieterin zeigt meinem Reisepartner und mir Fotos, die sie kurz nach dem Sturm aufgenommen hat. An die zweitausend Häuser sind Ende 2020 auf der kleinen Insel zerstört worden. Passenderweise lese ich Kim Stanley Robinsons *Ministerium für die Zukunft*, ein Roman nach der alten Definition der Versammlung von Heterogenem, der einer ebenso einfachen wie sich weit verzweigenden spekulativen Fährte folgt, nämlich der Frage, wie für künftige Generationen das Schlimmste in Sachen Klimawandel verhindert werden könnte. Internationale Abkommen? Neue Währungs- und Kreditberechnungsmodelle für Langzeitnutzen und Langzeitschäden?

Auch mein eigenes Wirtschaften – ökonomisch, politisch, emotional, moralisch – hat die eurozentrische »imperiale Lebensweise« zur Grundlage. Mein Einkommen und mein Pass ermöglichen es mir, phasenweise am Leben von Freundinnen und Freunden in Kolumbien teilzuhaben. Und danach ein paar Tage am Karibischen Meer auszuspannen. Ich kann mir das leisten. Manchmal beißt mich das schlechte Gewissen, es nagt am Vergnügen. Dann überwiegen wieder Neugier, Verbundenheit und das gemeinsam Erlebte. Finanziell geht es also, emotional geht es sich meist nur knapp aus. Politisch lerne ich bei jedem Aufenthalt in Kolumbien unglaublich viel dazu.

Weitere Strategien, die bei Robinson durchgespielt werden: Geo- und Bioengineering in großem Maßstab, national und supranational; gezielte Tötung derjenigen, die Raubbau, Neokolonialismus und CO_2-Produktion zur persönlichen Bereicherung vorantreiben, durch Aktivist*innen; geheimdienstliche Operationen, etwa die Sabotage von Industrieproduktion, die von einer Unterabteilung des Zukunftsministeriums ausgehen oder unterstützt werden. Der Roman meint: Nichts davon wird reichen, vermutlich auch nicht alles zusammen, aber ohne geht es auch nicht. Die Fiktion geht auch dahin, wo sich das Denken nicht vorwagt. Dieses imaginative Wagnis braucht es, sonst haben die nächsten Generationen, die menschlichen, aber auch die mehr-als-menschlichen, schon jetzt verloren, sofern sie überhaupt noch geboren werden.

Die Geschichten und Begegnungen der letzten Tage in Cali sind noch präsent, während mein Körper sich an die feuchte Schwüle der Insel gewöhnt. Eine Freundin hat das Sorgerecht für ihre beiden Töchter verloren, als es während des nationalen Streiks im letzten Jahr in einem Haus, in dem sie sich im Zuge der Blockaden aufhielten, zu Übergriffen gekommen war. Sie war nicht aktiv in der »Ersten Linie«, wo sich junge Leute mit der Aufstandsbekämpfungseinheit ESMAD Straßenkämpfe lieferten, sondern an den neuralgischen Punkten, wo Verletzte versorgt, Essen ausgegeben und kulturelle Aktivitäten organisiert wurden. Das Familiengericht entschied nach diesem Vorfall, dass sie nicht für die Sicherheit ihrer Töchter garantieren könne. Das mag irgendwie auch stimmen. Während des Streiks und der Proteste sind viele schreckliche Dinge passiert, in die man Kinder nach Möglichkeit nicht mitreinziehen sollte. Aber diese Möglichkeit war in ihrem Fall nur eine theoretische;

ähnlich wie bei Rodrigos Eltern Ende der 1960er-Jahre in Bolivien, denke ich. Sich in einer repressiven politischen Situation im Kampf um Gerechtigkeit zu engagieren, hat Konsequenzen. Es gibt hier keine ermäßigte Form des Kämpfens. Das ist bitter und traurig, und es macht mich zornig, dass Leute dazu gezwungen sind, sich entweder für politischen Einsatz oder den Schutz ihrer Angehörigen zu entscheiden.

Bitter und traurig ist auch die Bilanz, die ein neues Buch über den Paramilitarismus in Kolumbien zieht, das letzte Woche in Cali vorgestellt wurde. Seit dem Friedensschluss mit den FARC-EP sind 1332 Aktivist*innen für Menschen- und Umweltrechte ermordet worden, auch 14 der Unterzeichnenden des Friedensvertrags selbst. So die Bilanz der Autor*innen, Stand der Zählung bis April 2022. Jedes Jahr, schreiben sie, werden mehrere Zehntausend Vertriebene gezählt, und das Jahr 2021 gilt in Berichten der Friedensjustiz (JEP) als das gewalttätigste seit der Unterzeichnung des Abkommens: 93 Massaker und 146 Vertreibungen zeigt die Statistik auf. Es gab 228 Zusammenstöße zwischen bewaffneten Gruppen und Regierungseinheiten, 90 Fälle von Verschleppung von Minderjährigen wurden registriert.

Die Organisation paramilitärischer Gruppen ist fluider und dezentraler geworden, sie beherrschen aber immer noch große ländliche Gebiete und zunehmend auch städtische. Sie beherrschen sie ökonomisch – durch legale und illegale Geschäfte und den Transport von legalen und illegalen Gütern und Menschen –, sozial – durch das Schüren von Angst –, aber auch durch Netzwerkbildung und eine Kultur der Gewalt durch die Einschüchterung und Ermordung jener, die als Bedrohung ihrer Vormachtstellung erscheinen: Afrokolumbianer*innen, *indígenas*, Frauen, Arme – sofern sie nicht rekrutiert und zu Handlangern gemacht werden.

Dass der Paramilitarismus erneut aus dem Schatten trat, war eine schreckliche und düstere Antwort auf den Generalstreik des Jahres 2021. Bei der Buchpräsentation treffen wir einen deutschen Forscher und Aktivisten, der seit Langem in Cali lebt. Im Zuge der forensischen Ermittlungen des *Tribunal Popular de Siloé*, dem Volksgericht, für das er sich engagiert, sei herausgekommen, dass die Munition, die von unbekannten Tätern gezielt auf streikende oder auch nur um andere trauernde Zivilist*innen abgefeuert worden ist, so hochwertig sei, dass sie eigentlich nur aus staatlichen Beständen kommen könne. Die Schützen hätten jedoch Zivilkleidung getragen.

Giraldo Moreno, Villa-Turek Arbeláez und Luna Alzate argumentieren in dem Buch über den Paramilitarismus, dass diese neuen-alten Paramilitärs so schwer fassbar sind, weil sie keiner klaren Gliederung mehr unterliegen. In den 1960er-Jahren wurde die kolumbianische Regierung von den USA dabei unterstützt, paramilitärische Einheiten zur Bekämpfung der »kommunistischen Gefahr« aufzubauen. Diese entwickelten sich zu einem das ganze Land überziehenden Netzwerk, das mit Drogen, Menschen und Waffen handelte und die Schmutzarbeit für die nationale Armee oder die Großgrundbesitzer erledigte: Vertreibungen, Massaker, gezielte Morde an unliebsamen Politiker*innen. Die bis in die 2000er aktiven, sogenannten *autodefensas* (Bürgerwehren) wiesen eine auch nach außen gut sichtbare Befehlsstruktur auf; sie hatten Führungskader, die von Geheimdiensten, unter anderem der USA, ausgebildet worden waren.

Diese *autodefensas* wurden, höchst oberflächlich, 2005 demobilisiert. Viele führende Personen kamen mit milden Strafen davon, andere gingen in den Untergrund, sodass nationale und internationale Beobachter*innen auf die Kontinuität des Paramilitarismus verweisen. Längst ist eine neue Generation herangewachsen, die heute Menschenrechtsaktivist*innen töten oder auf Zivilist*innen schießen, die Streikversammlungen infiltrieren und dort plötzlich eine Pistole ziehen. Oder mit staatlicher Munition auf Trauernde schießen. Das ist die Ernte einer Saat des Kalten Kriegs; omnipräsent, ungreifbar, tödlich. Der Paramilitarismus hat seine Gestalt gewandelt, seine

DNA – Bedrohung und Vernichtung von allem, was als links gilt, Unterstützung des Großkapitals, Rassismus, Sexismus – ist die gleiche geblieben.

31. August 2022 – Arbeit

Cali, Kolumbien | Meereshöhe: 1018 Meter | Luftlinie zum Pazifik: 80 Kilometer | durchschnittliche Tageshöchsttemperatur (August): 29 °C

Miguel, ein Mitglied des Kollektivs *H30* (*A la hora 30*), ist gerade nicht in der Stadt. Er ist Bambustischler und baut ein Haus auf einem Berg, in der Nähe von Dagua. Also fahren wir hin.

Dagua ist ein Dorf, das auf dem Weg zwischen Cali und Buenaventura liegt. Stillgelegte Gleise verlaufen mitten durch den Ort, das *mural* einer alten Eisenbahnlok erinnert an vergangene Zeiten, in denen der Staat sich noch um die Anbindung ländlicher Gebiete gekümmert hat. Inzwischen sind Güter und Personenverkehr privatwirtschaftlich organisiert. Buenaventura, das gut fünfzig Kilometer von Dagua entfernt liegt, war Anfang des 20. Jahrhunderts zwar deutlich kleiner, aber ein wichtiger Hafen in der Pazifikregion. Über die Bahnlinie wurden von hier die Güter aus dem Hafen, aber auch landwirtschaftliche Produkte aus dem Umland nach Cali gebracht und dort weiterverkauft, wodurch aus dem verschlafenen Städtchen eine Großstadt wurde. Die Eisenbahn zwischen Buenaventura und Cali ist deshalb ein Symbol des Fortschritts und der Anbindung an den Weltmarkt in dieser abgelegenen Gegend. Buenaventura ist heute der größte Containerhafen Kolumbiens, wird aber zweideutig »Hafen ohne Leute« oder »Hafen ohne Volk« (*puerto sin pueblo*) genannt: Weitgehend automatisiert kommen die Container hier an, werden auf Lkws geladen und ziehen eine dreckige und laute Spur durch die Stadt, die außer Umweltschäden und Lärm nicht viel vom Umschlag der enormen Mengen an Gütern hat. Auch Cali liegt inzwischen abseits der Route. Der internationale Warenverkehr geht an der Metropole weitgehend vorbei. Die normierten, geschlossenen Stahlungetüme auf den Sattelschleppern sind ein passendes Bild für das Verhältnis, das der internationale Güterverkehr zu konkreten Umwelten und Gesellschaften hat: Abstraktion, Opazität, Verschmutzung.

Abends wird die kleine, spontane Reisegruppe aus Caleños und zwei Österreicher*innen in halsbrecherischem Tempo mit einem Minibus nach Cali zurückkurven, aber nun geht es zunächst mit Motorradtaxis über steile Wege hinauf nach Los Alpes, das wirklich so heißt und wo wir von Miguel und dem jüngeren der beiden Kaffeebauern, die das Land bearbeiten, auf dem das im Entstehen begriffene Haus steht, in Empfang genommen werden. Als wäre keine Zeit vergangen, albern wir herum, wir trinken fermentierten Saft aus Canela und Früchten, wir kochen gemeinsam auf der Baustelle, nebenher lerne ich *patacones* zuzubereiten, knusprige Fladen aus Kochbananen, die rund um das Haus in rauen Mengen wachsen.

Danach klettern wir den steilen Hang hinauf und der junge Kaffeebauer erzählt und erklärt. Warum Kaffee vermischt mit Bananen gepflanzt wird (Sonnenschutz, Stabilisierung des Hangs), warum die Vermarktung von Biokaffee immer noch schwierig ist (Zertifikate, Abnahmemengen), dass der Besitzer des Grundstücks in der Nähe von Cardiff lebt, aber immerhin Kolumbianer sei und die Gegend kenne, manchmal auch vorbeikomme, sein Bruder hätte das Haus geplant. Und dass es im Moment Konflikte mit einer großen Papierfirma gibt, davon erzählt er auch. Die Papierfirma hat Land gepachtet, auf dem sie schnellwachsende Bäume für die Papierproduktion pflanzt. Die Bäume entziehen dem Land das Wasser, das die Bauern brauchen. Man mobilisiere, versuche zumindest zu erwirken, dass zwanzig Meter rechts und links des Flusslaufs unbepflanzt bleiben. Viel könne man nicht ausrichten. *Difficil*, wie immer.

Das Haus in Los Alpes soll ein Kulturzentrum werden, Treffpunkt für die Kooperativen, ein wenig Tourismus. Der Blick ins Tal und auf die umliegenden Berge ist umwerfend, die Nebelwaldvegetation betörend und die jungen Unternehmer sind guter Dinge. Das Bauprojekt macht ihnen Mut, die Politik und die verstörenden Erzählungen aus Cali wirken weit weg, obwohl, sagt einer, in der Luftlinie sind wir eigentlich ganz nah. Man könnte eine Gondel bauen, scherzen wir, vielleicht gleich bis nach Linz, das wäre praktisch. Überhaupt kreisen die Witze den ganzen Nachmittag um Nähe und Entfernung, das Reisen, die Überbrückung. Wir haben einander sehr vermisst.

Unser kleiner Ausflug hat weitere Leute in Bewegung gesetzt. Ein anderer Freund kommt auch noch herauf. Der Soziologe war während des Generalstreiks in der Kaffeezone und mit Projekten zur Wiedereingliederung von demobilisierten FARC-EP-Mitgliedern beschäftigt. Auch hier ging es um ein Kulturzentrum und um Kaffee, genauer: um Anbauflächen und Vertriebsmöglichkeiten für zukünftige Kaffeebauern. Die Bereitstellung von Ackerland und Ressourcen für den Aufbau einer selbstständigen Existenz für ehemalige FARC-EP-Angehörige ist ein wichtiger Punkt im Friedensvertrag zwischen Guerilla und Regierung. Passiert ist bisher nicht viel, da die Regierung Iván Duque die Einhaltung des Vertrags erfolgreich verhindert hat. Viele ehemalige Kämpfer*innen sind in die Armut abgeglitten, manche sind wieder zurück in den Untergrund gegangen. Der Soziologenfreund hat sich verändert. Ich hatte ihn ruhig, beinahe schüchtern in Erinnerung, jetzt redet er wie aufgezogen, anklagend, voller Passion im Wortsinn: Dieses Land und seine Politik schmerzt ihn und stachelt ihn auf. Wir machen uns gemeinsam auf den Rückweg, er trinkt viel, redet viel. Und zeigt uns, zurück in Cali, die schönsten Winkel der Altstadt: Treppen, die noch aus der Kolonialzeit stammen, eine kleine *tienda* mit Bar im letzten Winkel von San Antonio; und ein Video von ehemaligen FARC-EP-Angehörigen, in dem sie ihre militärische Vergangenheit feiern. Er könne sie verstehen, meint er. Die Reichen hätten letztes Jahr die Waffen gegen den zivilen Streik gezogen, auch er habe Freunde verloren, wie viele andere auch. Während *velorios*, den Totenwachen für im Protest Getötete, seien Menschen aus dem Hinterhalt erschossen worden. In Cali, besonders in Siloé, wurden Tausende während der Proteste von offiziellen oder inoffiziellen, paramilitärischen Kugeln getroffen, neunzig Personen gelten als verschwunden. Der Freund redet sich in Rage, er klagt und wütet, er würde sterben für den Frieden. Ich kann zwar das Propagandavideo nicht verstehen, aber ihn. Die letzten zwei Jahre waren einfach zu viel. Hast du Hoffnung auf Besserung unter Gustavo Petro und Francia Márquez, frage ich. Nein, sagt er. Aber er habe Hoffnung darauf, dass der Kampf nicht aufhört, dass die Kraft nicht ermattet. Morgen geht sein Kampf weiter. In seinem neuen Job geht es um Reparationszahlungen an *indígenas* im Cauca. Dieser Frieden verlangt den Leuten sehr viel ab. Allein ihn einzufordern hat so viele schon das Leben gekostet. Jetzt wird dafür gearbeitet und gearbeitet und gearbeitet.

Eine dieser Arbeitsstellen, deren Patron Sisyphos sein muss, ist das *Tribunal Popular de Siloé,* eine kollektive Anstrengung der Einwohner*innen von Siloé – und einiger Verbündeter –, um das zu tun, was eigentlich der Staat tun sollte: nach den Tätern der Angriffe des letzten Jahres zu forschen. Es gäbe eigentlich eine offiziell dafür zuständige Stelle, die *Defensoria del Pueblo,* eine Art lokaler Staatsanwaltschaft, die aber im Falle von Siloé untätig blieb. Sisyphos ist auch deswegen der Patron dieses Unterfangens, weil sich das als Vorgang in Kolumbien immer wieder wiederholt: Es kommt zu exzessiver Gewalt, die staatlichen Stellen sind untätig, also müssen die Leute selber einspringen. So thematisierte die Gewerkschaft Sinaltrainal 2006 Coca-Colas Zusammenarbeit mit den Paramilitärs in einem solchen Verfahren. Und 2015 klagten Betroffene in Riohacha gegen Menschenrechtsverletzungen und Umweltschäden durch Bergbaukonzerne. Die Beteiligten sammeln dann Zeugenaussagen, holen forensische Expertise ein und internationale Jurist*innen an Bord, die dabei helfen, die Fälle vor Gericht zu bringen.

Im Fall von Siloé sind die internationalen Unterstützer*innen, die am 10. September 2022 die Fälle anhören werden, Edgar Ramos Andrade (Bolivien), Yohanka León del Río (Kuba) und Pablo Pimentel (Argentinien). Ihnen kommt eine wichtige Rolle zu: Sie bezeugen, was die Community erzählt, und sie garantieren Sichtbarkeit, sodass die Hürde für erneute Gewaltanwendung steigt. Ziel der Anhörung ist es, genug Material zu sammeln, um damit ein nationales oder internationales Gericht zu befassen. Zeitgleich denken die Betreiber*innen aber bereits darüber nach, wie die Erzählungen für die Betroffenen auch in Zukunft bereitgehalten werden können, etwa in Podcasts oder in einer Ausstellung im Stadtraum.

Erst gestern las ich einen Artikel von einem der internationalen Beobachter, Edgar Ramos Andrade, über den ich gestolpert war, weil mich seit meinen Recherchen zu Monika Ertl die (Nicht-)Aufarbeitung der Banzer-Diktatur (1971–78) in Bolivien, die auch für die Ermordung der Kämpferin verantwortlich war, weiterhin interessiert. In dem Artikel geht es speziell um die Frauen, die Opfer der Staatsgewalt wurden: eingesperrt, gefoltert, vergewaltigt. Es waren viele, an die tausend, und nur die wenigsten Fälle sind jemals vor Gericht gekommen. Fünfzig Jahre Straffreiheit für die Täter sind ein trauriges Jubiläum. Und auch hier sind es Zivilistinnen, die einspringen, wo die Justiz untätig ist: das *Movimiento de Mujeres Libertad* (»Bewegung der Frauen in Freiheit«). Sisyphos ist eine Frau, auch wenn sie manchmal Schnurrbart trägt, wie Andrade, der von sich sagt, er hätte sich aus politischer Notwendigkeit zum Historiker transformiert.

Auch mich haben Begegnungen und Erzählungen in Südamerika zurück zu den Methoden meines Studiums, zu meiner Ausbildung als Historikerin gebracht. Ich habe wieder angefangen, in Archiven zu arbeiten und Interviews zu führen. Neben der Ursachensuche war es gewiss auch die Überforderung im Verstehen-Wollen der Antinomien der gegenwärtigen Lage, die mich zu Arbeitsweisen zurückführte, die mehr Sicherheit versprechen. Schließlich hat man es in der historischen Forschung mit Dokumenten zu tun, die auf den ersten Blick so wirken, als wären sie zweifelsfrei existent; und als ob sie sagten, was sie eben sagen. Die Auslegung und das historische Narrativ, das man aus Quellen ableitet, scheinen zunächst relativ losgelöst von ihrem schieren, materiellen Dasein. Historische Deutungsangebote sind nicht neutral, aber sie scheinen zumindest nicht auf die Quellen selbst zurückzuwirken. Das unterscheidet sie von der alltäglichen Interpretation der politischen Gegenwart, die diese verformt, egal wie klein die Öffentlichkeit, die eine Äußerung über sie macht, sein mag.

Aber das stimmt so nicht, denn es ist die Gegenwart, die darüber entscheidet, was in Zukunft als Dokument über eine Vergangenheit wird Auskunft geben können. Und die Forschung führt auch zum beständigen Auftauchen von bisher unberücksichtigtem Material. Das kollektiv verfügbare Archiv selbst verändert sich, wie im Fall des Nachlasses von Rodrigos Eltern, mit dem ich jetzt zu tun habe, der verändert, was an Quellen zur linken Militanz einsehbar ist. In jedes Archiv sind also unzählige Gegenwarten mit ihren jeweiligen Kämpfen eingelagert. Dokumente können keine Rettungsanker sein. Sie sind erzählerische Akteure, allerdings ganz besondere: solche mit Vetorecht, Stoppschilder für das Verlangen, die Vergangenheit mit der Gegenwart auf Linie zu bringen. Historisch zu arbeiten bedeutet, solche Stoppschilder nicht zu überfahren, sondern sich von ihnen aufhalten zu lassen. Links und rechts zu schauen. Und dabei manchmal die Orientierung zu verlieren. Im Fall der Geschichte der Befreiungsbewegungen liegt die Vergangenheit voraus und die Zukunft schon hinter uns.

28. August 2022 – Köstlich leben

Cali, Kolumbien | Meereshöhe: 1018 Meter | Luftlinie zum Pazifik: 80 Kilometer | durchschnittliche Tageshöchsttemperatur (August): 29 °C

Es ist über drei Jahre her, dass ich längere Zeit in Kolumbien zugebracht habe. Ich komme in eine Stimmung des Aufbruchs zurück. Ganz anders als vor sechs Jahren, als das Friedensabkommen mit den FARC-EP die Gespaltenheit des Landes ins grelle Licht des plebiszitären *No* gestellt hat, nachdem Juan Manuel Santos dem Abkommen mehr Legitimität durch eine Volksabstimmung verschaffen wollte und mit einem knappen Nein und der Notwendigkeit von Nachjustierungen des Vertrags abgestraft worden war. Anders auch als vor einem Jahr, als die großflächigen Proteste, als der breit getragene Generalstreik mit blanker staatlicher und parastaatlicher Gewalt beantwortet wurde – anders also als zu jedem anderen Zeitpunkt, als ich hier war, gibt es nun realistische Hoffnungen auf einen Wandel hin zu mehr Verteilungsgerechtigkeit, zu einer wirklichen Aufarbeitung des Konflikts, zumindest aber: zu einem Wechsel in der Besetzung politischer Spitzenpositionen.

Diese waren in Kolumbien das gesamte 20. und bisherige 21. Jahrhundert von den immer gleichen *weißen* oder mestizischen Familien besetzt; nun hat Kolumbien eine Schwarze Vizepräsidentin, die kämpferische, alleinerziehende Juristin Francia Márquez. Sie repräsentiert gleich mehrere Gruppen, die bisher in Kolumbien wenig in höheren Ämtern gesehen wurden: Sie ist Frau, Afrokolumbianerin und vom Land. Ihr Wahlslogan war eine in den afrokolumbianischen Gemeinschaften gängige Formel: *Vamos a vivir sabroso*. Wir werden köstlich leben. Köstlich, das heißt: ohne Angst, in Würde, mit Freude. Ihr Wahlsieg wurde in Cali, dem Brennpunkt der Proteste des letzten Jahres, als ein kollektiver Erfolg gefeiert: als Triumpf jener Leute, die auf die Straße gegangen waren, um soziale Grundrechte und die Umsetzung des Friedensabkommens zu fordern. Cali war im Taumel, als die Wahlergebnisse bekannt gegeben wurden. Freund*innen hatten uns Bilder von den Feiern über Whatsapp geschickt: Gabriela in der Wahlkabine mit ihren Töchtern. Eine riesige Menge, die feiert. Ángel in den Morgenstunden auf dem Rad, stolz und atemlos.

Auch eine Freundin, die an der Uni arbeitet und in Bogotá lebt, war noch ganz aus dem Häuschen, als wir, mein Reisepartner und ich, vor ein paar Tagen dort zwischengelandet sind. Ich brauche gar nichts zu fragen, denn sie kann gar nicht mehr aufhören, von der Inauguration Petros, von den vielen richtigen Gesten der Zeremonie am 7. August zu erzählen, abends beim Bier auf der Terrasse, morgens in der Küche beim Saftmachen, beim Spaziergang durch Chapinero, bei für Bogotá typischem Wetter, das mit allem – von heißem Sonnenschein bis zu sturzbachartigem Regen – innerhalb weniger Stunden aufwartet. Also, sagt sie, Maria José Pizarro, eine einfache Senatorin, hat Petro die präsidiale Schleife angelegt, nicht – wie protokollarisch vorgesehen – der Senatspräsident. Maria José ist die Tochter von Carlos Pizarro, dem Chef der M-19-Guerilla, die in den späten 1980er-Jahren den Kampf mit der Waffe beendete, um als politische Partei den demokratischen Weg zu gehen. Carlos Pizarro wurde 1990 als Präsidentschaftskandidat das Ziel eines politischen Mordes. Gustavo Petro war ebenfalls Mitglied der M-19. Und seine Rhetorik ist wahrnehmbar an die von Pizarro angelehnt, der mit der Hoffnung auf einen historischen Wandel warb, der ein Leben ohne Angst ermöglichen sollte. Petros Wahlbündnis hieß *Pacto Histórico*. Und Francia Márquez' Slogan richtete die Vergangenheit auf die Zukunft aus: ein historischer Pakt für ein köstliches Leben.

Zur Inauguration des Präsidenten, erzählt meine Freundin weiter, werde üblicherweise das Schwert Simon Bolívars, des Unabhängigkeitskämpfers, aus der Quinta Bolívar, seinem Haus in Bogotá, zum Präsidentenpalast gebracht. Der scheidende Präsident Iván Duque habe aber den Transport kleinlich verboten, nur damit das Schwert ein noch strahlenderer Bedeutungsträger werden konnte. Dazu muss man wissen, dass das Schwert nicht nur ein nationales, vielleicht sogar panlateinamerikanisches Heiligtum ist, sondern im Zentrum einer der bekanntesten Aktionen der M-19 stand. Denn am 7. Januar 1974 gelang es M-19-Mitgliedern, das Schwert unter dem Slogan »Das Schwert Bolívars kehrt zurück in den Kampf« zu stehlen. Ebendieses Schwert fehlte nun also am 7. August 2022. Die Zeremonie wurde deshalb unterbrochen, das Schwert geholt. Und mit den Worten präsentiert: »Dieses Schwert ist nicht für mich, sondern für das Volk (*el pueblo*).« Und erst das Kleid von Francia Márquez, sagt meine Freundin, ein neobarocker blau-gelb-roter Sturm von der Küste. *Vamos a vivir sabroso.*

28. Juni 2022 – Übertragung

Wien, Österreich | Meereshöhe: 190 Meter |
Luftlinie zum Mittelmeer: 356 Kilometer |
durchschnittliche Tageshöchsttemperatur (Juni): 23 °C

Zufällig entdecke ich unter den Meldungen auf der ORF-Webseite die Kurzmeldung, dass die kolumbianische Wahrheitskommission nun ihren Schlussbericht veröffentlicht habe. Meinem Gefühl nach hat die Kommission ihre Arbeit gerade erst aufgenommen, und nun soll dieser Auftrag, der mir von Anfang an monströs erschien, weil dafür nur drei Jahre angesetzt waren, schon wieder abgeschlossen sein?

Der Auftrag: Jahrzehnte des Konflikts aufarbeiten. Der Auftrag: Den Opfern zuhören – so vielen –, und die Schuldigen benennen – so verschiedene –, um damit die Grundlage dafür zu schaffen, dass ein Weiterleben möglich wird. *Reconciliación*, Versöhnung, steht explizit *nicht* im Titel der Kommission: *La Comisión para el Esclarecimiento de la Verdad, la Convivencia y la No Repetición.* Sie soll die Wahrheit aufklären und damit das Zusammenleben und eine Nichtwiederholung des Konflikts erreichen.

Das Bild zur Kurzmeldung zeigt den Bericht als ein dickes Buch in mehreren Bänden. Er wirkt auf mich wie eine Bibel, eine Schwurbibel. In der Kurzmeldung wird auch erwähnt, dass der scheidende Präsident, Iván Duque, das dicke Buch nicht entgegengenommen hat, sondern sein Innenminister. Und es steht zu lesen, dass der Bericht besonders scharf mit der Beteiligung der kolumbianischen Armee und ihrer Unterstützung durch die USA im Rahmen des berüchtigten *Plan Colombia* ins Gericht geht.

Nur ein paar Klicks entfernt findet sich eine Aufzeichnung der Vorstellung des Berichts im *Teatro Jorge Eliécer Gaitán*. Der Namensgeber des Theaters war ein sozialistischer Politiker, der 1948 von konservativen Bewaffneten getötet wurde. Das Ereignis gilt als ein wesentlicher Auslöser des bewaffneten Konflikts. Dass gerade dieses Theater ausgewählt wurde, ist also kein Zufall. Schon als die Kommissionsmitglieder die Bühne betreten, muss ich lachen. Ich hatte einige als sehr ernsthafte, engagierte Kommissar*innen kennengelernt, jetzt tragen diese sehr honorigen Herrschaften und *ladies* T-Shirts mit der Aufschrift *Hay futuro si hay verdad*: Es gibt Zukunft, wenn es Wahrheit gibt. Die bunten T-Shirts sehen aus wie Festival-T-Shirts. Der Vorsitzende der Kommission ist ein kompromissloser Jesuit, Padre Francisco de Roux, ein linker Ökonom, der jedoch bis in die konservative Elite des Landes hinein Respekt genießt.

Das Publikum besteht nur zu einem kleinen Teil aus offiziellen Würdenträger*innen, der Großteil sind Vertreter*innen von Opferverbänden, die während des Zeremoniells lautstark ihre Meinung kundtun. Das stört den Ablauf, ist aber völlig *in tune* mit dem Bericht selbst, in dem die vielen verschiedenen Betroffenen der unterschiedlichen Spielarten von Gewalt dokumentiert sind, der aber auch ein Licht auf die bisherigen Fehler in der Aufarbeitung und auf die mangelnde Öffentlichkeit für die Anliegen der Opfer wirft. Immer wenn jemand aus dem Publikum sich Gehör verschafft, wird in der Fernsehübertragung Musik eingespielt. Padre de Roux lässt sich hingegen nicht dadurch irritieren, antwortet manchmal auf die Einwürfe, verstärkt eine Aussage vielleicht sogar. Nur der Fernsehsender scheint ein Problem damit zu haben, dass der Ablauf gestört wird.

Es ist eine beeindruckende Rede, die Francisco de Roux hält. Die *taz*-Korrespondentin in Bogotá, Katharina Wojczenko, spricht in ihrem kurze Zeit später publizierten Artikel von einer »kollektiven Landkarte des Schmerzes«, die de Roux gezeichnet hätte: der abgeschnittene Kopf in El Salado, die verstümmelte Vagina in Tierralta, die durchgeschnittene Kehle im Catatumbo, von Landminen zerfetzte Soldaten, in Öfen verbrannte oder in Flüssen treibende Leichen. All das ist geschehen. All das muss öffentlich ausgesprochen werden.

Die Veranstaltung hat jedoch noch ein anderes Momentum: Anstelle von Iván Duque nehmen der neu gewählte, aber noch nicht inaugurierte Präsident Gustavo Petro und die kommende Vizepräsidentin Francia Márquez ein Heft mit Empfehlungen entgegen, die aus dem Bericht folgen. Francia Márquez ist der gar nicht so geheime Star des Abends. Als de Roux sie begrüßt, jubelt der ganze Saal. Sie ist das Gravitationszentrum.

Politik auf symbolischer Ebene allein wird die tiefen Gräben der vielen Jahrzehnte Bürgerkrieg nicht zuschütten können. Petro und Márquez werden alle Hände und viele Köpfe voll damit zu tun haben, ihre Wähler*innenbasis nicht zu enttäuschen und in Windeseile realpolitische Veränderungen herbeizuführen; keine einfache Aufgabe angesichts eines mitte-rechts dominierten Kongresses und angesichts der realen Macht, die das Kapital und paramilitärische Akteure in dem Land haben. Trotzdem lasse ich mich zu Hause vor dem Bildschirm mehr als gerne von diesem Moment erfassen. Es könnte.

Dazwischen (2022–2019)

Meistens Linz, Österreich | Meereshöhe: 266 Meter |
Luftlinie zum Mittelmeer: 325 Kilometer |
durchschnittliche Tageshöchsttemperatur (Jahr): 12,9 °C

Dazwischen war keine Stille: Der Streik in Kolumbien ging zu Ende; Covid trat auf und ein neuer Generalstreik begann am 28. April 2021; einer der Sprüche der Protestierenden lautete: »Wenn das Volk in der Pandemie auf die Straße geht, dann weil die Regierung gefährlicher als das Virus ist«; die Regierung Iván Duque verhinderte weiterhin, dass der Friedensvertrag umgesetzt wurde; mehrere Gruppen von ehemaligen FARC-EP-Mitgliedern, die sich 2017 demobilisiert hatten, gingen zurück in den Untergrund; die Streikenden ließen nicht locker, ihre Proteste wurden landesweit, vor allem aber in Cali, mit unverhältnismäßiger Gewalt bekämpft; der bekannte Salsa-Choke-Musiker Junior Jein wurde beim Verlassen eines Clubs in Cali erschossen; im Lied »Quién los mató?« (»Wer hat sie getötet?«) geht es um das Massaker von Llano Verde, bei dem fünf Jugendliche afrokolumbianischer Herkunft umgebracht wurden, Junior Jein war einer der Protestierenden im Generalstreik; die kolumbianischen Protagonist*innen dieses Buches mobilisierten von Cali aus internationale Unterstützung und waren tagtäglich an den Streikpunkten, machten dort Kulturprogramm und organisierten Verpflegung und medizinische Versorgung; während über Whatsapp auch in Österreich und Deutschland Unterstützung organisiert wurde, die sich allerdings schwach anfühlte, gingen sie auf Beerdigungen von Freunden, die von Polizei oder Paramilitär getötet worden sind; sie machten Radiosendungen, Podcasts und Konzerte und dokumentierten die vielen individuellen und kollektiven Geschichten des Streiks; und sie stellten einen Film über Fahrradfahren und die Rückeroberung des öffentlichen Raums in Cali fertig, der an Streikpunkten vor Ort und in Kinos in Deutschland und Österreich gezeigt wurde; die Druckwerkstatt *La Linterna* aus Cali kam in Person von Fabián Villa nach Linz, für eine Veranstaltungsreihe rund um Drucktechnik und Grafik im öffentlichen Raum; der Waffenhersteller SIG Sauer wurde vom deutschen Bundesgerichtshof in Karlsruhe zur Zahlung von rund 11 Millionen Euro wegen illegaler Waffenexporte nach Kolumbien verurteilt; die Wahrheitskommission erarbeitete ihren Bericht, sprach dafür mit Opfern und Täter*innen des Konflikts, organisierte Begegnungen und beauftragte Künstler*innen, Sozialarbeiter*innen, Lehrer*innen, NGOs mit pädagogischen und künstlerischen Programmen; laufend wurden Menschenrechts- und Umweltaktivist*innen getötet, je nach Zählung zwischen

60 und 120 pro Jahr; wegen Unklarheiten in der Zuständigkeit wurde keine Anklage gegen den ehemaligen General Mario Montoya Uribe erhoben, der laut Staatsanwaltschaft die Verantwortung für 104 ermordete Zivilist*innen im *Falsos-Positivos*-Skandal trägt; und dazwischen fanden Wahlen statt: Am 19. Juni 2022 wurde der ehemalige Guerillero und politisch erfahrene Sozialdemokrat Gustavo Petro zum kolumbianischen Präsidenten gewählt. Seine Vize Francia Márquez war die Überraschung des Wahlkampfs. Bei den Vorwahlen erreichte sie ohne große Wahlkampagne auf Anhieb die zweitmeisten Stimmen.

23. November 2019 – Nachrichten

Wien, Österreich | Meereshöhe: 190 Meter |
Luftlinie zum Mittelmeer: 356 Kilometer |
durchschnittliche Tageshöchsttemperatur (Juni): 7 °C

Jedes Mal, wenn ich auf mein Tablet schaue, sind 25 oder mehr neue Nachrichten gekommen. Es ist schon Nacht in Wien, in Kolumbien ist es Nachmittag und ungefähr alle, die ich kenne, sind dort auf der Straße. Seit vorgestern wird landesweit gestreikt und demonstriert: gegen die Nichteinhaltung des Friedensvertrags, gegen die Ermordung von Aktivist*innen, gegen die soziale Ungerechtigkeit; für Umweltschutz und gegen internationale Bergbaufirmen; gegen die rechte Regierung. *H30* in Cali sind mit dabei und sie schicken Bilder von wegen der Ausgangssperre leeren Straßen und von Demos, bald aber auch satirische Filme über den angeblichen Vandalismus der Protestierenden. Ich bin etwas besorgt um einen Studierenden der Kunstuniversität, der sich in Cali aufhält, und schreibe ihm. Auch er ist mittendrin. Wie auch nicht? Unsere Partneruniversität, die Universidad del Valle in Cali, ist wie immer ein *hot spot* der Proteste. Er gehe demnächst zum Salsa-Protest, schreibt er.

In Bogotá sollte heute Abend der »Markt für nützliches Wissen und Nicht-Wissen« stattfinden, den ich, vor allem aber Hannah mit der Mobilen Akademie seit eineinhalb Jahren für die Wahrheitskommission vorbereitet haben. Wir arbeiten daran seit 2016, als wir mit der Interviewserie zum Friedensprozess begonnen haben. Bei diesem Markt geht es um Wasserpolitik und damit um genau die Themen, die derzeit auf der Straße sind. Es geht um amphibische Kulturen, verschmutzte, versiegende oder verlegte Gewässer, um das lokale Wissen von Fischern und anderen Wasseranwohner*innen, um den Páramo als größten Wasserspeicher Bogotás, um den Containerhafen von Buenaventura – und um die vielen anonymen Leichen, die in Flüsse geworfen worden sind. Auch in Buenaventura sind alle auf der Straße. Die Leute vom Erinnerungsprojekt an Temístocles Machado – Juan Rodrigo, Don Arcesio, Jhon – beteiligen sich natürlich an dem Streik, denn es geht um das, wofür er sein Leben gelassen hat: soziale Gerechtigkeit, Eigentumsfragen, ein Leben in Würde. Sie haben Fotos von ihren Streik-Shirts geschickt: stilisierte Fische und Krabben in Orange, Pink und Blau. Sie haben das Design einer kolumbianisch-österreichischen Studierenden für Protestplakate und T-Shirts verwendet.

Der Markt ist nun kurzfristig auf den Nachmittag vorverlegt worden, denn abends gilt auch in Bogotá eine Ausgangssperre. Die Militärpräsenz in den Straßen ist hoch, Hubschrauber kreisen, Tränengas wird eingesetzt. Über Whatsapp verfolge ich, wie sich die Veranstalter*innen vor Ort organisieren: Wer holt wen ab? In der Lobby des Hotel Ibis warten noch einige. Wo kommt man durch? Im Moment ist die Septima frei. Ist niemand stecken geblieben? Oh nein, jemand ist noch am Flughafen. Auch im *Teatro Faenza* läuft alles auf Hochtouren, vieles konnte nicht geprobt werden und alle fragen sich, ob wohl irgendwer kommt, an einem Samstagnachmittag, in dieser aufgeladenen Stimmung, mitten in den Protesten. Um 16:02 Uhr die erlösenden Worte: *Llegó público*! Publikum ist gekommen! Und der Markt mit seiner Dialogsituation ist, entgegen allen Befürchtungen, das, was die Stadt gerade auch braucht: ein Ort, um sich über komplizierte Themen auszutauschen, Solidarität zu spüren, mit der eigenen Angst umzugehen. Das Prinzip wird sofort kopiert: Noch vor Weihnachten gibt es einen kleinen Markt in Putumayo und Hannah regt an, an Streikpunkten immer ein paar Dialogtische aufzustellen.

Ich bin nervös und erzähle allen, die es wissen wollen, aber auch allen, die es nicht wissen wollen, was gerade los ist. Es fällt mir schwer, das alles im Minutentakt zu verfolgen und selber nichts beitragen zu können. Ich bin im Limbo, in einer Welt zwischen aktiv und passiv, mündlich und schriftlich, nah und fern. Eine unbequeme Lage, implodierende Gegenwart, ein

Ferngespräch mit unklarem Gegenüber oder doch Hörerin am Empfangsgerät? Zuhören, um weiterzuerzählen, das ist auch eine Form der Beteiligung.

4. März 2019 – Kein Entkommen

Hotel Tequendama Inn Estación, Buenaventura, Kolumbien | Meereshöhe: 10 Meter | Luftlinie zum Pazifik: 50 Meter | durchschnittliche Tageshöchsttemperatur (März): 32 °C

Es war ein anstrengender Tag. Das Hotel im Zentrum hat eine Freundin empfohlen. Es liegt direkt am Wasser, dahinter ragen die Kräne des Containerhafens auf, als unübersehbares, über-sichtbares Zeichen des Unheils, das über Buenaventura hängt. Die Studierenden zerstreuen sich nach und nach per Schiff und per Bus. Es ist das Ende der Exkursion, wir reisen nicht gemeinsam zurück nach Österreich. Es weht ein starker Wind und es wird nachts wieder regnen, dessen bin ich mir sicher. Der heftige und musikalische Tropenregen wird niederprasseln, und ich habe keine Lust, zurück nach Bogotá zu fliegen, noch weniger: zurück nach Europa.

Bei tropischer Hitze waren wir, eine Studierendengruppe aus Österreich, mit Don Arcesio und seinem Leibwächter in der Comuna 6. Familie, Freunde und Weggefährt*innen von Temístocles Machado (Don Temis) haben zu seinem Gedenken mit Unterstützung der Künstlerin Liliana Angulo Cortés einen permanenten Rundgang zu Orten des lokalen Widerstands gegen *landgrabbing* und Privatisierung eingerichtet.

Es wurden Erinnerungsorte beschildert, aber wichtiger ist, dass Weggefährt*innen an den Stationen zu den Besuchergruppen stoßen und erzählen. Mit Don Temis' ältestem Sohn Juan Rodrigo standen wir in den schrumpfenden Mangroven, die früher als Nahrungsquelle dienten, mit Jhon auf dem staubigen Fußballplatz, der von Paramilitär und Polizei als Aufmarschplatz genutzt worden ist. Mit wieder einem anderen Freund von Don Temis halten wir an dem Parkplatz, auf dem dieser letztes Jahr erschossen wurde. Seither führen seine Freund*innen und seine Familie den Kampf weiter.

Don Arcesio erzählt uns von den vielen Rückschlägen und den kleinen Siegen, die sein *barrio,* La Cima, zu verzeichnen hat. Wo wir halbfertig gebaute oder schon wieder verfallene Häuser sehen, lässt er einen früher dort befindlichen kommunalen Garten mit Mais, Papaya, Avocados, Mangos vor unserem inneren Auge entstehen. *Murals* in einem Gemeindezentrum erzählen davon, wie die Leute aus den Dörfern vertrieben wurden, damit Bergbaufirmen ungestört nach Gold schürfen konnten, und wie die Leute, einkommenslos und traumatisiert in Buenaventura angekommen, hier erneut in die Klemme paramilitärischer Gewalt gerieten. So viele Verluste, so viel Gewalt, es ist schwer zu ertragen. Es geht nicht mehr um Wissen und darum, wie es situiert ist. Es geht darum, sich der

Trauer zu stellen und für die berechtigten Forderungen dieser Menschen Partei zu ergreifen. Don Arcesio trägt ein T-Shirt, auf dem steht: *Yo soy también Don Temis*. Auch ich bin Don Temis.

Trotzdem fahre ich am nächsten Morgen natürlich zum kleinen Flughafen vor der Stadt. Die Fluggesellschaft, die zwischen Buenaventura und Bogotá verkehrt, ist die Satena. Sie gehört dem kolumbianischen Militär, deshalb gibt es beim Check-in-Schalter eine Plakette, die mich auffordert, bitte einen hochrangigen General zu kontaktieren, sollte ich nicht mit dem Service zufrieden sein. Ich bin zufrieden mit dem Service, aber der Start verzögert sich wegen der unsicheren Wetterlage. Müde blättere ich in der Gratiszeitung der lokalen Wirtschaftstreibenden und lese, dass auch das schöne alte Hotel, in dem ich genächtigt habe, dem kolumbianischen Militär gehört. Eventuell soll es bald an einen internationalen Konzern verkauft werden. Es gibt kein Entkommen.

2. März 2019 – Wohnung mit innerer Landschaft

Cali, Kolumbien | Meereshöhe: 1018 Meter | Luftlinie zum Pazifik: 80 Kilometer | durchschnittliche Tageshöchsttemperatur (März): 29 °C

Die Whatsapp-Nummer haben wir von Ani Dießelmann bekommen, einer Journalistin, Philosophin und Aktivistin, die in Cali lebt und arbeitet. Der Termin ist dann gleich am nächsten Tag. Die Studierenden und ich stolpern in die beengte Wohnung, die auch ein Atelier ist. Wir sind nicht gut vorbereitet. Überall hängen Bilder, helle Farben, meist gegenständlich. Sie zeigen Landschaften und häufig eine blonde Frau in Uniform. Ein Bild derselben Frau in Uniform gibt es auch als T-Shirt zu kaufen. Es ist ein Selbstporträt von Yuheni. Die Haare trägt sie inzwischen kürzer und sie hat ein Kleid an, aber ihre Statur kann man sich auch in Uniform vorstellen. Kaum sind wir über die Schwelle, wird Kaffee gekocht und sie erzählt, wie schwierig der Wechsel von der Kampfexistenz ins zivile Leben sei. Yuheni ist noch als halbes Kind in die FARC-EP eingetreten. In Tolima, wo sie herkommt, war man entweder Teil des Paramilitärs oder Teil der Guerilla. War man nicht aktiv, wurde man trotzdem der einen oder anderen Gruppe zugeschlagen, mit entsprechenden Konsequenzen. Sie erzählt von der Solidarität und

Freundschaftlichkeit in der Organisation, gemeint sind die FARC-EP, von den Schwierigkeiten der Frauen im Kampfeinsatz. Und von Verlusten und Gewalt: Partner, die im Gefängnis umkamen, ihre eigenen Foltererfahrungen, ihr Kind, das bei den Großeltern lebe und nichts von ihr wissen wolle. Sie erzählt auch von Diskriminierung im *barrio,* in dem sie jetzt lebt; und von den nicht eingehaltenen Versprechen der Regierung. Und davon, wie das Kunstmachen sie und einige Freund*innen rette, ihnen Betätigung und ein kleines Einkommen verschaffe.

Danach gibt es noch mehr Bilder zu sehen, diesmal digitale Bilder. Die Wand des winzigen Schlafzimmers ist die Projektionsfläche, wir sitzen mehr oder weniger auf ihrem Bett. Es sind Fotos der *compañeros* und *compañeras.* Sie posieren stolz mit ihren Gewehren, blödeln, nur halb uniformiert, vor der Kamera herum. Wir sehen Unterstände, Fotos in schlechter Auflösung von Gefallenen, dann ein Propagandavideo der FARC-EP: Folkloretänze und Schlagersound im Camp tief im Regenwald. Einmal mehr erlebe ich dieses Gefühl der Unwirklichkeit, das gleichzeitig so grell wirklich ist. Surreal stimmt hier. Wir halten uns in einem topologischen Raum auf, der sich wie ein Handschuh umstülpen lässt. Und der verstörende Nachbarschaften von Idyllischem und Gewaltsamem, von Erinnerung und Erleben im Hier und Jetzt evoziert.

Man könnte eigentlich sofort verrückt werden, denke ich, wird es aber nicht, denn diese Frau ist es auch nicht geworden. Selbst als sie nach dreißig Jahren im bewaffneten Untergrund – das heißt: in den Bergen, im Wald –, nach einem Leben in einer tödlichen Märchenwelt zurück ins sogenannte zivile Leben konvertiert ist. Oder konvertiert wurde? Denn bei aller Kritik, die sie an den FARC-EP als patriarchaler Organisation äußert, trotz der Trauer um die gefallenen Freunde und der rationalen Einsicht, dass der Friede besser ist als der Krieg, und obwohl ihr der Friedensschluss wahrscheinlich das Leben gerettet hat, lugt das andere Leben durch die Ritzen der Erzählung. Das Leben in einer Solidargemeinschaft, das Leben in einer ekstatischen Wahrheit, das Leben als Entkommen aus dem Falschen. Selbst diese kleine Wohnung wird sie sich nicht mehr viel länger leisten können. Sie träume von einer *finca* auf dem Land, die sie gemeinsam mit *compañeros* und *compañeras* bewirtschaften kann, ein ländliches Idyll, das auf einigen ihrer Aquarelle als Hintergrund schon zu sehen ist.

Bevor wir zurück in unser Refugium, die Pension in San Antonio, im historischen und touristischen Zentrum Calis fahren, kaufen wir Bilder und T-Shirts mit Revolutionskitsch. Svetlana Boym spricht davon, dass die reflexive Form der Nostalgie, der Wachtraum, der vom verlorenen Traum eines besseren Lebens handelt, oft mit Ironie versetzt sei. Es ist aber die Ironie in dieser Kaufgeste, die ebenso beschämend ist, wie wir sie benötigen, um mit dem zurande zu kommen, was uns gerade begegnet ist.

BIBLIOTECA
CAMILO TORRES

¿DÓNDE ESTAN
NUESTROS HIJOS?

SiDOC-NUEVA LUZ
BIENVENIDOS
AL
María 19
Siloe
Tierra Blanca
Cortijo
Pueblo Joven
Cementerio

TELEPACIFICO

NO CREO QUE SEAMOS PARIENTES MUY CERCANOS PERO SI USTED ES CAPAZ DE TEMBLAR DE INDIGNACIÓN CADA VEZ QUE EN EL MUNDO SE COMETE UNA INJUSTICIA,
SOMOS COMPAÑEROS QUE ES LO MAS IMPORTANTE
Che
Columna

FEMINISTA
siempre
Vivas

30

PR
MISION
MEDICA
DIRECTV
SOLO EL
PUEBLO
SALVA AL
PUEBLO

LIBERTAD
A LXS
PRESXS
POR
LUCHAR
Aporte solidario para las familias de los
de Puerto Resistencia

RESISTE
LIBERTAD

Yo
Los Alpes

26. Mai 2018 – Warteraum

Bogotá, Kolumbien | Meereshöhe: 2640 Meter | Luftlinie zum Pazifik: 355 Kilometer | durchschnittliche Tageshöchsttemperatur (Mai): 18 °C

Müdigkeit und Restadrenalin halten sich in etwa die Waage. Gestern haben wir endlich *Chronik einiger zukünftiger Ereignisse* gedreht. Es hat ein paar Umwege in diesem Projekt gebraucht. Heidi Abderhalden von *MAPA Teatro* hatte Hannah und mir letztes Jahr ein Bild für Kolumbien in den Kopf gesetzt, das uns nicht mehr losgelassen hat: Das Land sei ein Warteraum wie der in Luis Buñuels *Der Würgeengel* (1962), in dem das mexikanische Bürgertum eine unendliche und unendlich quälerische Gegenwart erdulden muss. In welcher Art von Warteraum sitzt man aber fünfzig Jahre später in Kolumbien? Es kann nicht der gefaltete, barocke Warteraum der institutionalisierten Revolution sein, den Luis Buñuel in Bilder gefasst hat. Vielleicht eher der Vorraum einer wartenden Vorahnung, wie ihn Siegfried Kracauer konzipiert hat? Das letzte Kapitel seines posthum erschienenen Buchs *Geschichte. Vor den letzten Dingen* trägt den Titel »Der Vorraum«. Es ist eine Denkfigur, die ihn seit den 1930er-Jahren umgetrieben hat und die Bewegtheit und zurückhaltende Offenheit, auch und besonders in von Gewalt umstellten Gegenwarten, zu gewinnen sucht. Wenn das Bild des Vorraums also stimmt, wie lässt sich angesichts der frenetischen Stasis neoliberaler Verhältnisse, aber auch angesichts der Pluralität und ungleichen Verteilung von Zeit und Zukunft eine Haltung des »zögernden Geöffnetseins« kultivieren, wie Kracauer sie empfiehlt?

Kracauer glaubte weder an eine Aufhebung der objektiven Widersprüche im revolutionären Ereignis noch an die großen, revolutionären Erlösungsversprechen der Geschichtsphilosophie. Er hielt an einem kleinen Messianismus fest, an der Möglichkeit von gesellschaftlichen Umwälzungen ohne Erlöserfiguren und großformatigen Heilserzählungen, an der Idee eines »Utopia des Dazwischen – terra incognita in den Mulden uns bekannter Länder«. Es ist laut Kracauer im Vorraum vor den letzten Dingen, in einem Raum alltäglicher Widerfahrnisse und Halbkenntnisse, wo sich alles Mögliche aus der Vergangenheit angesammelt hat, dass das Neue entstehen kann. Nicht das kolonial-maskuline Phantasma des noch nie betretenen Territoriums, einer Erde, in der der Innovationsfetisch vergraben liegt, gilt es demnach zu suchen, stattdessen geht es um die Kultivierung eines Sensoriums für Erschütterungen. Dazu braucht es Routinen der Neugierde: Man muss sich affizieren, darf sich aber nicht überwältigen lassen. Es braucht Wissen über abgelaufene historische Prozesse, und es braucht die Trauer über dasjenige und diejenigen, die ausgeschlossen, verfemt, getötet worden sind, um nicht der Macht des positivistisch Faktischen, der dominanten Techno-Dauer zu erliegen. Man braucht einen residualen Sinn genauso wie einen seismografischen. Man braucht ein Hin und Her zwischen Abstraktion und Erfahrungsdichte.

Von solchen Überlegungen angestoßen, waren wir in Kolumbien ein kleines Filmprojekt angegangen. Es ging von der Fiktion aus, dass wir, Hannah und ich, als Odradek-Productions eine filmische Langzeitbeobachtung in Kolumbien planten. Wir behaupteten, zehn Leute casten zu wollen, die bereit wären, sich in den nächsten zehn Jahren regelmäßig von einem Kamerateam besuchen zu lassen, das die Veränderungen in ihrem professionellen und privaten Leben dokumentieren wolle.

Was wir gestern tatsächlich gefilmt haben, war das Casting. Der eigentliche Film, die Langzeitbeobachtung, war die Rahmenfiktion. Wir stellten eine Jury mit populären Gesichtern aus Kunst und Kultur zusammen. Sie befragte in einem Filmset eine Reihe von Kandidat*innen zu ihren Erinnerungen an den Krieg, zum Friedensprozess, zu Bildern und Erzählungen ihrer Zukunft. Dafür bauten wir das bekannte Studiosetting von Castingshows nach: Die Jury zu dritt in einer Reihe, die Kandidat*innen vereinzelt ihr gegenüber.

Wasserglas auf dem Tisch. Der Dreh war professionell vorbereitet und wurde von einer großartigen jungen Crew betreut. Beleuchtung, Schminktisch, Kameras, Backstage, Warteraum und Vorabfragebögen für die Kandidat*innen, ein Skript für die Jury, auch Hannah und ich in Rollen. Sie: Regie. Ich: Drehbuch/*continuity*. Das Casting war eine Versuchungsanordnung im Futur II: Was werde ich gesagt haben, sofern ich für den Dreh ausgewählt worden wäre?

Interessant ist, dass in der vordergründigen *no-future*-Haltung, in der häufig vorab geäußerten Aussage, sich gar keine Zukunft vorstellen zu können, weil die Gegenwart in Kolumbien so unvorhersehbar sei, etwas anderes verpuppt war, und zwar eigentlich bei allen: ein Festhalten an der Veränderbarkeit von Gesellschaft, das aber so viele harte Enttäuschungen hat verkraften müssen, dass es sich im Alltag nicht mehr so ohne Weiteres vorwagt. Das in diesem Vorraum wartet, bis es eine Chance auf Verwirklichung erspürt.*

* Der Film mit Marta Ruiz ist hier aufrufbar: {https://mobileacademy-berlin.com/media-post/chronicle-of-some-future-events-bogota-omu}, letzter Aufruf 7. 2. 2023.

12. Mai 2018 – Drehorte

Cali, Kolumbien | Meereshöhe: 1018 Meter | Luftlinie zum Pazifik: 80 Kilometer | durchschnittliche Tageshöchsttemperatur (Mai): 28 °C

Auf der Suche nach einem Drehort begutachten wir sehr gut ausgestattete, *slicke* Fernsehstudios auf einem Universitätscampus, eine kreisrunde Agora in einem Bankgebäude, Fernsehstudios von Telepacífico im hochmodernen *tropicalismo*-Stil, das Auditorium im Palacio de Bellas Artes – auch dieses Gebäude ein wunderschöner Bau aus den 1930er-Jahren, dessen Klarheit der Konturen an das Bauhaus erinnern, das aber viel durchlässiger ist. Ein Gebäude für den Wind im Valle del Cauca.

Cali war ab den 1970ern ein Zentrum der kolumbianischen Kunst, insbesondere des Films. Ich sehe mir einen der bekanntesten Filme an: *The Vampires of Poverty* ist der englische Titel einer Dokufiktion aus dem Jahr 1978 von Luis Ospina und Carlos Mayolo, die 1979 in Oberhausen ausgezeichnet wurde. Der spanische Titel ist noch treffender: *Agarrando pueblo*, was so viel heißt wie: Menschen packen, Greifen nach Menschen. Es geht darin um eine deutsche Filmproduktion in Kolumbien, die die dortige Armut anprangern will. Sie wollen möglichst nah ran an die Misere, um den Globalen Norden mit den Bildern aufzurütteln. Die Armut muss delikat zubereitet, das Elend malerisch verdichtet werden. Ein Taxifahrer fragt zu Beginn den Regisseur, warum er hier filme. Der antwortet: Um den Film ans deutsche Fernsehen zu schicken. Aha, und was soll gefilmt werden? Wie die Leute hier in Cali leben? Ja, wir wollen die Misere hier filmen. Aha, ja, antwortet der Taxifahrer. Aber es ist ihm deutlich ins Gesicht geschrieben, dass ihm nicht einleuchtet, warum das interessant sein sollte.

Ich fühle mich ertappt. Schon von der fiktiven Rahmung – Ospina und Mayolo geben ja vor, für das deutsche Fernsehen zu drehen, so wie wir vorgeben, auf Einladung einer deutschen Kulturbehörde in Kolumbien für die deutsch-kolumbianische Odradek-Film zu recherchieren. Die uns zunächst durch die Einladung des Goethe-Instituts zugedachte Rolle der Gedächtnisexpertinnen war unmöglich zu erfüllen. Alle anderen hier sind fähiger als ich in der Navigation der sich fortlaufend verkomplizierenden Vergangenheit. Dennoch bin ich aufgefordert, und zwar nicht qua offiziellem Auftrag, sondern als Konsequenz des gemeinsamen Tuns, einen Beitrag zu leisten. Zu welcher Art von Akteurin macht mich das? Ich spüre das Bedürfnis, mich ergreifen zu lassen, anstatt die Menschen hier projektförmig zu »packen«. Was für eine Aktions- oder Passionsform ist das?

Immer wieder bin ich von Kolumbianer*innen dazu aufgefordert worden, zuzuhören und aufzunehmen, direkt und oft ohne Umschweife. Ich war oft begeistert von der Erzählkunst der Aktivist*innen und von ihrer Fähigkeit, private Schicksale mit strukturellen Fragen zu verknüpfen. Ich bin dankbar, dass sie mir diese Geschichten von Verlust und Gewalt anvertraut haben, und ich habe irgendwann verstanden, dass sie mir anvertraut werden, damit ich sie weitererzähle. Wie aber erzählt man den solidarisierenden Aspekt der Verletzbarkeit, die geteilte Sterblichkeit aller Menschen, ohne die geopolitisch ungleiche Verteilung von Vulnerabilität nur zu konsumieren oder konsumierbar zu machen? Wie erzählt man, ohne ein Vampir zu werden?

20. September 2017 – Peacewashing

Wien, Österreich | Meereshöhe: 190 Meter | Luftlinie zum Mittelmeer: 356 Kilometer | durchschnittliche Tageshöchsttemperatur (Juni): 20 °C

Nespresso wirbt aktuell mit Bildern eines ökosozialen Projekts in Kolumbien für seinen Kaffee: Eingerahmt in die Konturen einer Nespresso-Kapsel ist ein Kaffeebauer abgebildet. Er trägt Militärgrün, keine FARC-EP-Abzeichen, dafür einen Monarchfalter auf der Schulter, den er treuherzig anblickt. Ein Uniformierter im Regenwald, das ist ein Bildcode, der in Kolumbien unmissverständlich als Guerilla gelesen wird.

Seit der Arbeit an der Übersetzung von Donna Haraways *Unruhig bleiben,* das 2018 auf Deutsch erschien, bin ich aufmerksam für Monarchfalter geworden. In ihrer das Buch beschließenden SF-Story über einen artenübergreifenden, dekolonialen Naturvertrag spielen die Monarchfalter als migrierende Spezies und als Mahner aus dem Totenreich, wie sie in Mexiko aufgefasst werden, eine zentrale Rolle. In der Nespresso-Werbung ist die symbolische Nähe der Falter zum Tod kein Thema. Der Schmetterling suggeriert vielmehr Friedfertigkeit, unberührte Natur und Leichtigkeit. Alles Dinge, die in Kolumbien seit Jahrzehnten kaum zu haben sind.

Die Werbung in meinem E-Mail-Postfach ist an mich »persönlich« adressiert, genauso wie an Millionen anderer Kund*innen. Ich habe in den letzten Jahren viel Friedenskitsch gesehen, aber das hier – der Friedensprozess als Werbestrategie eines Konzerns, der seit Jahrzehnten von globaler Ungleichheit profitiert – ist ein Höhepunkt. Schon längst hätte ich diese Kaffeemaschine im Büro austauschen sollen, denke ich. Oder sie gar nicht erst in Betrieb nehmen. Also mache ich das jetzt und kündige gleich auch das Kundenkonto für den Alukapselbezug – nicht weil ich glaube, mich durch diesen Akt rauswinden zu können, aber um zumindest von diesem *peacewashing* verschont zu bleiben. Wie viele Bilder sehe ich eigentlich jeden Tag, in denen mir nicht der blanke Hohn der Komposition ins Auge springt, nur weil ich sie nicht entziffern kann?

24. Dezember 2016 – Kollisionen

Playa Guachalito, Nuquí, Chocó, Kolumbien | Meereshöhe: 5 Meter | Luftlinie zum Pazifik: 35 Meter | durchschnittliche Tageshöchsttemperatur (Dezember): 27 °C

Diesen Garten gibt es wahrscheinlich gar nicht, denke ich. Die Vögel nicht, die kleinen, schillernd-blauen nicht, die grünen nicht, die die blauen nachahmen, und schon gar nicht die schwarzen mit den strahlend gelben Schwanzfedern und dem weißen Schnabel, die alle anderen vertreiben. Das sind die, die beim Fliegen diese absurden Maschinengeräusche machen. Das Wuchern von Orchideen aus Kokosnussschalen, das Geräusch der Wellen, der etwas benebelte Zustand – das ist alles nur so halb glaubwürdig.

Immerhin ähnelt einiges dem, was auf den Dias zu sehen war, die meine Eltern, eigentlich war es mein Vater, seinen Freund*innen und Arbeitskolleg*innen gezeigt hat, als meine Geschwister und ich noch klein waren. Es waren Bilder aus Papua-Neuguinea, Bilder von hohen, dichten Bäumen und von Männern, die mit Paradiesvogelfedern geschmückt tanzten, Dias mit den prägnanten, künstlich wirkenden Farben der 1970er-Jahre. Dazu wurden Geschichten erzählt: von der Reise über Port Moresby hoch hinauf zum Mount Hagen; von Pater Josef, dem ersten, mit dem ich mich ein paar Jahre später über »Entwicklungshilfe« streiten würde und der die Mission damit verteidigte, dass es doch um Frauenrechte ging; von den Frauen, mit denen traditionelle Anbaumethoden wieder gelernt wurden; und von der Geburt meiner Schwester, die beinahe in der Missionsstation stattgefunden hätte, da draußen grade ein »Stammeskrieg« begann und die Fahrt ins Krankenhaus nicht möglich war.

Ich war immer neidisch, dass im Pass meiner Schwester als Geburtsort Mambisanda, Papua-Neuguinea, steht und bei mir nur Kufstein, Österreich. Ich habe sie darum beneidet, offiziell nicht ganz heimisch zu sein, während für mich Exterritorialität immer erstrebenswert erschien, jedoch nur in ermäßigter Form erreichbar: als Lektüre, als nur halb beherrschte Sprache, als Reise, als Rausch, als Musik, als theoretische und forschende Auseinandersetzung mit dem Ausgeschlossenen, Vergessenen, in Verruf Geratenen in Kunst und Wissenschaft Europas. Das hieß irgendwann zwingend, mich auch mit dem Kolonialismus zu beschäftigen. Was für ein einfacher Name für die monströse physische, kulturelle, ökonomische und politische Gewalt, die seit gut 500 Jahren in Wellen von Europa ausgeht, nein: von seinen Bewohner*innen und Herrscher*innen.

Dass ich zu Weihnachten 2016 als *weiße* Frau in einer Ökolodge im kolumbianischen Chocó sein kann,

Tastatur auf dem Schoß, froh darüber, dass einmal im Jahr keine siebzig Mails pro Tag auf Erledigung drängen, umsichtig versorgt von sicherlich schlecht bezahltem Personal, das täglich die *cabaña* aufräumt und morgens *arepa,* Kakao und *fruta* sowie mittags und abends Fisch, *plátanos* und Kokosreis zubereitet, ist eine Spätfolge des immer noch anhaltenden Prozesses der Kolonisierung. Der Blick in den Garten lässt diesen Ort hier unendlich weit weg vom Albtraum des bewaffneten Kampfs erscheinen, der das Land seit über fünfzig Jahren im Würgegriff hat. Aber die Guerilla, die in einem Monat die Waffen niederlegen soll, hatte im Chocó ihre letzten Rückzugsorte.

Viele Jahre lang war dieser Strand hier schwer belagert, da er ein Ausschiffungspunkt für Kokain Richtung Panama war. Danach wurde er zunehmend touristisch genutzt. Die Erschließung ging wegen der schweren Erreichbarkeit aber nur langsam vonstatten. Seither war der Strand von Nuquí auch die Kulisse für ein Musikvideo von ChocQuibTown, die aus der Provinzhauptstadt Quibdó kommen. Die Sängerin steht in dem Hip-Hop-Video genau hier, in dem tropischen Garten. Majestätisch erheben sich Wale hinter ihr aus dem Wasser. *Te quiero para mí,* singt sie: Ich will dich für mich. Damit könnte man anfangen, mit all den Projekten und Projektionen einer besseren, einer »Neuen Welt«, die auch in mir hausen und die mit Wirklichkeiten zusammenstoßen, die ihr Gegenteil sind. Die Bilder des Horrors der Kolonisierung sind fast ebenso alt wie die utopischen. Bartolomé de las Casas *Brevísima Relación de la Destrucción de las Indias*, geschrieben keine vierzig Jahre nach dem fatalen Eintreffen der Europäer, ist eine Aneinanderreihung von Szenen der Verheerung. Es kollidieren nicht nur Vorstellung und Wirklichkeit, sondern auch verschiedene Bilder von Abya Yala*, die in dem Vorstellungsraum unterwegs sind. Um Kollisionen, solche im Außenraum und solche in meinem Inneren, geht es auch mir. Am Strand ist alles ruhig.

* Abya Yala ist der Name für den amerikanischen Kontinent, den die Kuna in Panamá und dem nordwestlichen Kolumbien diesem vor der Ankunft von Christoph Kolumbus und der Europäer*innen gegeben hatten. Seit einiger Zeit wird der Begriff von verschiedenen Organisationen, Vereinigungen und Einrichtungen der indigenen Völker Südamerikas verwendet. Die Benutzer*innen dieses Ausdrucks setzen sich damit von den Fremdbezeichnungen *Amerika* oder *Neue Welt* ab.

24. November 2016 – Gesten

Plaza Bolívar, Bogotá/Kolumbien | Meereshöhe: 2 640 Meter, Luftlinie zum Pazifik: 355 Kilometer | durchschnittliche Tageshöchsttemperatur (November): 18 °C

Als wir den Platz erreichen, ist er nur sehr locker gefüllt, von Enthusiasmus merkt man wenig. Gestern Abend sind wir angekommen, der Jetlag macht, dass uns Bogotá noch ganz und gar unwirklich erscheint. Hannah und ich sind zurückgekommen, um nach einem Jahr Abwesenheit unsere Recherchen zu Geschichtsschreibung, Zukunftsvorstellungen und Erinnerung im Umbruch fortzusetzen. Heute soll der nun endgültige Vertrag zwischen der kolumbianischen Regierung und den FARC-EP unterzeichnet werden. Die Unterzeichnung, die zweite innerhalb kurzer Zeit, findet im *Teatro Colón* statt, der Staatsakt wird auf die nahegelegene Plaza Bolívar übertragen.

Später erzählen uns die meisten, sie seien gar nicht hingegangen, weil Freude und Enthusiasmus schon bei der ersten Unterzeichnung des Friedensvertrags, zwei Monate zuvor in Cartagéna, verbraucht worden seien. Auch Gefühle unterliegen einer Ökonomie, es gibt nicht unendlich viel davon. Vor allem die Menge an politisch mobilisierbarer Hoffnung ist endlich.

Zwischen der ersten und der zweiten Unterzeichnung lag das Plebiszit, das mit einem *No* für den vorher fertig verhandelten und bereits unterzeichneten Vertrag ausgegangen ist. Ich kann nicht anders, als in den Tagen nach der zweiten Unterzeichnung immer wieder an Karl Marx' Diktum zu denken, die Geschichte ereigne sich immer zweimal, einmal als Tragödie, einmal als Farce. Aber stimmt das in diesem Fall? Die erste Unterzeichnung war ja gerade keine Tragödie, sondern ein hoffnungsvoller Anfang, versehen mit Pathosformeln und den dazu passenden symbolischen Gesten. So kam zum Beispiel ein aus einer Patronenhülse gefertigter Kugelschreiber bei der Vertragsunterzeichnung zum Einsatz, statt Schwerter zu Pflugscharen also Patronen zu Schreibgeräten. Auch bei der zweiten Unterzeichnung am 24. November 2016 kommt das Schreibgerät zum Einsatz, wird aber nicht mehr so dermaßen inszeniert. Ich bin davon abgelenkt, dass auf dem Regierungsgebäude hinter den riesigen Übertragungswänden am Aufbau eines Gerüsts laboriert wird, der für den Staatsakt auch nicht unterbrochen wird: *La paz*, eine Baustelle auf dem Dach der Politik.

Es folgen Reden von Juan Manuel Santos und Rodrigo Londoño Echeverri, Kampfname Timochenko. Santos, der Präsident, spricht staatstragend, inkludierend, er betont die Pluralität Kolumbiens. Er danke den Kolumbianer*innen, dass sie mit ihrem Nein im Plebiszit geholfen hätten, den Friedensvertrag zu verbessern. Überhaupt danke er allen für die Mithilfe und er verspreche, alles, was im Vertragstext vorgesehen ist, verlässlich und rasch umzusetzen. Schon in fünf Monaten solle die Demobilisierung der FARC-EP beginnen. Er beschließt seine Rede mit einem vermeintlichen Brecht-Zitat, wir seien schließlich im Theater: Ein Mann ist ein Mann, jedes Leben ist heilig und jeder Krieg ist ein Verbrechen.

Die Rede des FARC-EP-Chefverhandlers, Timochenko, beginnt mit den alten antiimperialistischen Parolen der FARC-EP, er spricht auch über Landreform, über Diversität, über die zentrale Rolle der Frauen im Friedensprozess. Und dann folgen Sätze, die ich zuerst glaube, nicht richtig verstanden zu haben: Ich meine zu hören, dass er Donald Trump im Amt begrüßt und Hoffnung auf weitere gute Zusammenarbeit mit den USA artikuliert. Als ich die Aufnahme später anhöre, bestätigt sich das. Er hat Donald Trump gegrüßt. Ist die FARC wirklich nur noch eine FARCE ihrer selbst?

Bei Marx geht es so weiter: »Und wenn sie eben damit beschäftigt scheinen, sich und die Dinge umzuwälzen, noch nicht Dagewesenes zu schaffen, gerade in solchen Epochen revolutionärer Krise beschwören sie ängstlich die Geister der Vergangenheit zu ihrem

Dienste herauf, entlehnen ihnen Namen, Schlachtparole, Kostüm, um in dieser altehrwürdigen Verkleidung und mit dieser erborgten Sprache die neuen Weltgeschichtsszene (sic!) aufzuführen.«

In diesem Fall haben sich alle Beteiligten sehr bemüht, ein neues Gewand anzulegen. Weiße Hemden waren die Uniform der Unterzeichnung, weder revolutionäre Kampfanzüge noch bürgerlicher Anzug, einfach nur ein weißes Hemd, locker über die Hose getragen. Das Weiß wird hier als Friedensfarbe getragen, aber auch als das unbeschriebene Blatt in der Geschichte Kolumbiens, das erste Blatt im zukünftigen Geschichtsbuch des Landes, das aufgeschlagen werden sollte. Großes Theater, im zweiten Aufzug etwas trist.

Wir führen Interviews: Marta Ruiz, Journalistin und späteres Mitglied der Wahrheitskommission, sieht das Friedensabkommen als Teil einer Serie gebrochener Versprechen auf Landreform und politischer Inklusion. In den 1930ern, in den 1970ern und das letzte Mal mit der neuen Verfassung von 1991 habe es auf politischer Ebene Versuche gegeben, den Langzeiteffekten des Kolonialismus entgegenzutreten: der ungleichen Verteilung von Land und Vermögen und einer Praxis der Demokratie, in der sich faktisch konservative und liberale Kräfte die Macht teilen. Hector-Léon Moncayo, ein Ökonom, findet es surreal, dass die Linke sich dazu gezwungen gesehen habe, das *Sí* zu unterstützen, obwohl sie mit den Inhalten des Vertrags, besonders mit dem wirtschaftsliberalen, internationalistischen Kurs nicht einverstanden sei. Die Umweltanwältin Marcela Rodriguez vom Anwaltskollektiv »José Alvear Restrepo« und Eugenia Vasquez, eine ehemalige Kämpferin der Stadtguerilla M-19, meinen, dass der Vertrag in den Präambeln durchaus utopisch-poetische Qualitäten hätte, sich aber in der praktischen Durchführung die Situation der sozialen Bewegungen, der Bauernverbände und der Indigenen wohl verschlechtern würden.

Der Refrain dessen, was wir in den Interviews zu hören bekommen, geht so: Die Zukunft ist eine Wiederholung der Vergangenheit. Wenn die Landverteilungsfrage und das Ungleichheitsproblem nicht angegangen werden, stecken wir in Wiederholungsschleifen fest. Aber ist das nicht der Refrain eines Liedes, das nur ein bestimmtes Milieu singt, und zwar intellektuelle, politisch oder künstlerisch aktive, links eingestellte Menschen zwischen 35 und 70? Sind nicht die Menschen in den von den FARC-EP beherrschten Gebieten unendlich froh über die Niederlegung der Waffen? Und was ist mit den jungen Leuten, deren emotionaler und intellektueller Haushalt nicht mit gescheiterten Reformversuchen und der Ermordung ehemaliger Kämpfer*innen belastet ist? Mit denjenigen, die schlicht wollen, dass dieser Krieg endlich vorbei ist?

Inzwischen sind es mehrere Generationen in Kolumbien, für die der bewaffnete Konflikt, beziehungsweise die Möglichkeit des Hereinbrechens von Gewalt in den Alltag, schlichte Normalität ist. Was bedeutet das für den täglichen Vollzug eines Lebens, frage ich mich. Vielleicht ist es so, als würde man sich über ein Kohlefeld bewegen und nie wissen, ob nicht der nächste Schritt auf ein Glutnest trifft.

4. Dezember 2022 – Gegenentkommen

Linz, Österreich | Meereshöhe: 266 Meter | Luftlinie zum Mittelmeer: 325 Kilometer | durchschnittliche Tageshöchsttemperatur (Dezember): 2 °C

Gerne würde ich die Sache beherzter angehen, vom Vorgang der Problematisierung übergehen in einen aktiven Sorgemodus. Gleichzeitig schrecke ich genau davor zurück. Ich bin nicht eine dieser internationalen Mitarbeiter*innen in einer der vielen Hilfsorganisationen, die den Friedensprozess belgeiten. Sie sind in den allermeisten Fällen dafür ausgebildete Profis, idealistisch und empathisch, Menschen, mit denen man gern einen Abend verbringt und die interessante Geschichten zu erzählen haben. Dass ich ein Misstrauen gegenüber ihrer Rolle hege, hat nichts mit den Personen zu tun, sondern mit ihrem Auftrag. Sie sind Gesandte von, wie Joël Glasman sie treffend nennt, »schwerelosen Institutionen«, von NGOs, die sich der Parteilosigkeit verpflichtet haben. Historisch gesehen richtete sich die Unparteilichkeit humanitärer Organisationen gegen Nationalismus, Klassismus und Klientelwirtschaft, gegen die Ungleichbehandlung körperlicher und seelischer Nöte und Notwendigkeiten im Katastrophen- oder Kriegsfall. Das Modell dafür bildete das in der Schweiz ansässige Internationale Rote Kreuz.

Unparteilichkeit wird jedoch angesichts von Gewalt gegen ganz bestimmte Gruppen seitens genau bestimmbarer politischer Akteure rasch zum Problem. So musste sich das Rote Kreuz nach dem Zweiten Weltkrieg von der Sowjetunion vorhalten lassen, den Holocaust nicht mit dem nötigen Nachdruck angeprangert zu haben. In der neokolonialen Gegenwart mit all ihren einander überlagernden Gewaltzusammenhängen ist die Unparteilichkeit von NGOs deshalb ebenso notwendig wie unzureichend. Sie bringt eine Vielzahl nicht ausreichend situierter, tendenziell kosmopolitischer, »humanitärer« Akteur*innen hervor, die oft nur oberflächlich mit den lokalen Akteur*innen und komplexen Settings verbunden sind. Dazu kommt das Dauerproblem des Paternalismus der Entwicklungsperspektive, die immer schon weiß, was das angestrebte Ziel der »Hilfe« ist.

Ich war in Kolumbien immer parteiisch und habe mich bereitwillig von Aktivist*innen für ihre Sache rekrutieren lassen. Gleichzeitig teile ich ein Privileg mit den Abgesandten der internationalen Hilfsorganisationen, deren Basis sich in der Schweiz, in Deutschland oder in den USA befindet: Ich kann jederzeit wieder gehen. Gefährdung und gesteigerte Verletzbarkeit sind für mich temporäre Zustände. Ich bin eine Reisende in einer körperpolitisch skandalös ungerechten Welt. Denn so gewiss es ist, dass Körper von jeher vermischt sind, so kommt es trotzdem darauf an, diesen Mix – oder das Muster – so zu beschreiben, dass die zugrunde liegenden Herrschaftsverhältnisse nicht verschwiegen werden. Es gilt, mit der Beschreibungssprache ebenso sorgsam umzugehen wie mit den gefährdeten Körpern selbst. Wie geht das, ohne Aneignung des Leids anderer und ohne einen falschen Konsens über vordefinierte »Lösungen« zu suggerieren, frage ich mich. Da ist also immer wieder eine gewisse Ratlosigkeit, wenn ich versuche zu verstehen, von wo aus ich eigentlich schreibe. Ich bin mittendrin und gleichzeitig auf der Seitenlinie.

Audre Lorde, Dichterin und Pionierin, insistierende Kämpferin gegen Herabsetzung und Gefährdung durch rassistische, sexististische oder homophobe Strukturen und Personen, hat stets betont, dass sie in erster Linie zu und mit anderen »hyphenated persons« (Bindestrichpersonen), mit *people of color*, mit *queers*, spräche. Ihre Poesie und ihre gesellschaftsanalytischen Texte, aber auch ihre persönlichen Texte, verstand sie in erster Linie als ein Bestärkungsprogramm für diejenigen, mit denen sie die Erfahrung von Randständigkeit und Diskriminierung teilte. Gleichzeitig verstand sie ihr Schreiben als universalistisch, als *social text*: als ein Angebot, damit weiterzuarbeiten, etwas damit zu bewerkstelligen. Das ist kein Freibrief für die Aneignung des Leidens der Anderen. Die Weiterverwendung ist an die Bedingung geknüpft, dass im Gebrauch und der Weitergabe der Texte die realen Differenzen und Hierarchien, die konkret unterschiedlichen Formen von Gefährdung, nicht eingeebnet werden. Lorde sprach eine Einladung zur situierten Aneignung ihrer Worte als Werkzeug aus, versehen mit einer Nutzungsklausel, mit einer doppelten Verpflichtung: auf die Schwächung oder Durchlöcherung des *white privilege* und auf den Einsatz für eine angstfreie Zukunft für alle. Das ist das Muster, das ich in der Hand halte, wenn ich versuche, aktuelle Gefährdungen der Körper zueinander in einem planetarischen Horizont zu beschreiben.

Die Sache mit der Durchlöcherung des *white privilege* ist besonders schwierig. Denn zu diesem Privileg gehört an zentraler Stelle, sich Gefährdungen objektiv und subjektiv vom Leib halten zu können. Den Schutzmantel abzulegen, den ökonomische Potenz und der richtige Pass bewirken, ist ein schmerzhafter Akt, und ich weiß nicht, ob ich es könnte. In Paul B. Preciados *Ein Apartment auf dem Uranus* (2020), eine Sammlung seiner Zeitungsartikel, die ein Leben dokumentieren, das sich auf vielfache Art und Weise grenzwertig macht – ein Leben zwischen den Geschlechtern und in Dissidenz zur nationalen Zugehörigkeit –, hat mich eine Episode besonders berührt: In einer Kolumne schildert Preciado, wie es sich anfühlt, in einer leeren Wohnung, also einer Wohnung ohne Möbel, zu wohnen; die Auspolsterungen und das Futteral bürgerlichen Daseins hinter sich zu lassen. Davon, wie es sich anfühlt, wenn einem beim Aufstehen alles wehtut. Das ist etwas anderes als ein Leben im Bauhaus- oder Ikea-Minimalismus, der gegen die Plüschhöllen des 19. Jahrhunderts rebellierte. Denn darin gibt es weiterhin Betten, Schränke, Küchen, technisch-soziale Hüllen, die Bequemlichkeit bieten, die die Unversehrtheit des Körpers wenn schon nicht garantieren, so zumindest wahrscheinlicher machen.

Man kann berechtigterweise fragen, was es denen, die keinen Schutz durch bequeme Häuser, ein angemessenes Gesundheitssystem, ein regelmäßiges Einkommen oder die richtige Staatsbürgerschaft genießen, überhaupt helfen soll, wenn andere nach der Art der Bettelmönche auf die Annehmlichkeiten des weltlichen Daseins verzichten. Die Bemühung muss letztlich dahin gehen, das Privileg zu einem Recht für alle zu machen und es nicht weiter an Staatszugehörigkeit, Klasse, Gender zu knüpfen. Auf dem Weg dahin bedeutet Solidarität mit den Mehr-Gefährdeten aber zumindest, diese Schutzhüllen zu teilen. Wie macht man das innerhalb einer ökonomisch-politischen Struktur, die nur Individuen, Leistungsträger*innen und Staatsbürger*innen kennt? Wie sähe – mit Jule Govrin gefragt – eine körperpolitisch gerechtere Welt überhaupt aus?

Vielleicht wenig anders als eine klassenlose Gesellschaft, die sich allerdings auch schon seit geraumer Zeit nicht anschickt, Realität zu werden. Was zum marxistischen Vokabular aber dazugekommen ist, sind Argumente für eine, wie Eva von Redecker sie nennt, »Revolution für das Leben«, die unsere nicht-menschlichen Mitbewohner*innen auf dem Planeten in den Kampf um Gerechtigkeit, Gleichheit und Solidarität miteinbezieht. Gemeint ist die konkrete Utopie eines artenübergreifenden Klassenkampfes. Auf körperpolitische und artenübergreifende Unrechtsregime heben aktuelle Proteste in Brasilien, in Kolumbien und in anderen Ländern mit eklatanter sozialer Ungleichheit ab, aber auch Initiativen wie *Zero Covid* in Deutschland. Der vulnerable Körper steht hier viel stärker als zum Ende des 20. Jahrhunderts im Fokus von künstlerischen und politischen Aktivitäten. Ob bei *Black-Lives-Matter*, bei *Ni-una-menos*, einer südamerikanischen *grass-roots*-Bewegung gegen Frauenmorde und Gewalt an Frauen, oder bei *Fridays for Future*: Überall steht der Kampf für das Leben und gegen die ungleiche Verteilung von Chancen auf ein gutes Leben im Zentrum des Engagements. Es geht den Aktivist*innen um die Zukunft von Körpern zueinander, von Körpern miteinander; um Körper, die im aktuellen Regime nur als Ressource zählen, die zwar als arbeitende, mehrwertschaffende, die reichen Körper umsorgende Körper benötigt werden, die aber darüber hinaus wie überflüssiges oder gefährliches Material behandelt werden.

Audre Lorde schreibt in ihrem Gedicht »The Art of Response«:

The first answer was incorrect
The second was
sorry the third trimmed its toenails
on the Vatican steps
the fourth went mad
the fifth
nursed a grudge until it bore twins
that drank poisoned grape juice in Jonestown
the sixth wrote a book about it
the seventh
argued a case before the Supreme Court
against taxation on Girl Scout Cookies
the eighth held a news conference
while four Black babies
and one other picketed New York City
for a hospital bed to die in
the ninth and tenth swore
Revenge on the Opposition
and the eleventh dug their graves
next to Eternal Truth
the twelfth

processed funds from a Third World country
that provides doctors for Central Harlem
the thirteenth
refused
the fourteenth sold cocaine and shamrocks
near a toilet in the Big Apple circus
the fifteenth
changed the question.

Wie lautet also die veränderte Frage?

Bevor die Frage gestellt wurde, war alles schon da. Das, was schon da war, bevor die Frage gestellt wurde, hatte bereits viele Namen: *original sin*, Archiv, Verschuldungszusammenhang, Gefühlsstruktur, Geschichte, *string figure*. Oder, ebenso schlicht wie treffend, noch einmal in den Worten Audre Lordes: Muster. Ihre Tagebücher, die sie während ihrer Krebserkrankungen geschrieben hat, beginnen so: »Each woman responds to the crisis that breast cancer brings to her life out of a whole pattern, which is the design of who she is and how her life has been lived.«

Das, was eine Person in einer Krise vermag oder nicht vermag, umfasst sowohl die materielle als auch die semantische Ebene: Was hat der Körper zur Verfügung, um auf die Krise zu reagieren? Wie gut ist er gepflegt und genährt worden? Was hat er schon hinter sich? Welche Sprache, welche Bilder für das, was im und mit dem Körper geschieht, sind aufrufbar? Welche Ressourcen – von medizinischer Betreuung bis hin zu sozialen Netzwerken und *care work* – sind aktivierbar? Das singuläre, gelebte Leben ist die Matrix, die Möglichkeitsstruktur, die bestimmte Antworten ermöglicht und andere nicht.

Es waren Begegnungen und Entgegnungen, die mein Fragen verändert haben. Zu Beginn wurde ich gefragt, was man aus den Debatten im deutschsprachigen Raum zum Komplex der Erinnerungskultur für die kolumbianische Postkonfliktsituation ableiten könnte. Meine erste Transformation der Frage war die Einsicht, dass es sich gar nicht um eine Postkonfliktsituation handelt, sondern um die Fortsetzung des Konflikts in einem Friedensprozess voller Gewalt, einem Prozess, der von vielen als lähmend und falsch, von anderen als bedrohlich erlebt wird. Die nächste Transformation betraf wieder die Vorsilbe »Post-«: Wie an der Aufarbeitung eines Konflikts arbeiten, wenn das, was danach kommen könnte, die Zukunft, für eine Gesellschaft fast undenkbar geworden ist? Diese Frage transformierte sich wiederum, als ich mit der Kunst der Mobilisierung durch situiertes Geschichtenerzählen in Berührung kam, in dem Gesichter, Münder, Augen, Gesten und Stimmen Einzelner die Geschichten des Kampfes, des Verlusts, des Todes mit dem Schicksal ihrer Gemeinschaften und mit Analysen von Unrechtsstrukturen verwebten. Und diese Geschichten kurzzeitigen Besucher*innen wie mir, Aliens vom Planeten Komfort 1, übergaben, in der Hoffnung, das Muster der ungleichen Gefährdung verändern zu können, verändert zurückzubekommen. Die Frage nach den Formen des Zusammen-Dagegenseins, nach den Möglichkeiten und Grenzen einer gemeinsamen Arbeit am Entkommen aus Gewaltverhältnissen trotz physischer Distanz und unterschiedlicher Betroffenheit war die veränderte Frage, die mich seither begleitet.

Sich-berühren-Lassen ist ein erster Schritt zur Veränderung der Frage. Jean-Luc Nancy hat in seinen letzten Lebensjahren den weltschaffenden Charakter des »Gefühls«, wie der Tastsinn altmodisch heißt, herausgearbeitet. Es sind demnach Berührungen, die überhaupt Zugang zur Welt schaffen. Es ist die Schwerkraft, die menschliche Körper zum Himmelskörper Erde in Beziehung setzt, es ist die Endlichkeit des berührbaren Körpers, die so etwas wie Sinn generiert. Nancy hat in einer seiner letzten Äußerungen, in einem Gespräch mit Carolin Meister, einmal mehr auf die Rolle von distanzüberbrückenden Medien in der laufenden Neuspationierung der Körper zueinander hingewiesen: »Aber wenn man bedenkt, dass Begegnungen stets im Rahmen bestimmter Bedingungen möglich waren (die Milieu, Sprache, Region betrafen), könnte man meinen, dass es immer schon versteckte ›Programme‹ und ›Algorithmen‹ gab. Und wie viele von ihnen liegen den Geburten zugrunde! Man könnte also sagen, dass wir uns um die Begegnung Gedanken machen, weil die Sichtbarkeit der soziotechnischen Prozesse uns aufmerksamer – und zugleich furchtsamer – werden lässt angesichts der Möglichkeit, dass die Begegnung ihr Mysterium, ihr Glück, ihre uneingeschränkte Gnade verliert.«

Nancys Überlegungen zur Berührung betreffen nicht nur das Zueinander und den Nahraum menschlicher Körper, sie schließen andere lebendige und nicht-lebendige Körper mit ein: »Ein Hauch durchläuft ein Rohr, ein Finger zupft eine Saite oder schlägt auf eine gespannte Haut ... Blicke kreuzen sich. Es gibt eine ›Erwiderung‹.«

Das Denken und Ausprobieren von Berührung, von Nähe und Distanz, scheint mir eine wichtige Aufgabe für die Politik und für die Künste gleichermaßen zu sein: Für Erwiderung Raum und Zeit zu machen, in Ko- und Fernpräsenz, unter den problematischen Bedingungen ungleicher Verteilung von Ressourcen und Gefährdungen, darum geht es. Einander begegnen, ohne auf den falschen Konsens des humanitären Diskurses hereinzufallen, aber suchend nach den Stärken der Schwäche in der geteilten Sterblichkeit. Irgendwo in dieser Zwischenschicht ist, so es eines gibt, das Gegenentkommen zu finden.

Dank

Eigentlich bräuchte dieses Buch einen Abspann, der alle Mitwirkenden benennt. Ich behelfe mir mit Dank an alle, mit denen ich Gespräche führen durfte, lange und kurze, kontinuierliche oder einzelne: Heidi Abderhalden, Rolf Abderhalden, Sophie Adelt, Xenia Alexandrovna, Miguel Anacona Rodríguez, Liliana Angulo Cortés, Markus Arnold, Vivian Bausch, Anne Bechstedt, Luis Cermeño, Yolanda Chois Rivera, Rodrigo Cottier Arce, Gabriela Díaz Arcos, Anni Dießelmann, Sebastian Eslava, Frede, Ana Garzón, Alejandra Gaviria, Lucia González, Ángel González Nupan, Andrea Heredia, Andreas Hetzer, Hannah Hurtzig (ohne sie wäre das alles nicht geschehen), Arcesio Izquierdo, Yuheni Izquierdo, Katja Kessing, Sarah Lang, Cristina Lleras, Juan Rodrigo Machado, Alejandro Martín, Jesús Martín Barbero (†), Úrsula Mendoza Balcázar, Hector-Léon Moncayo, Claudia Mosquera, Martha Nubia Bello, Sebastian Palasser, Judith Pfister, Andrea Reisinger, Francisco de Roux, Sarah Sander, María Victoria Uribe, Carolina Valderrama, María Eugenia Vasquez, Nelson Vergara, Fabián Villa.

Dank für die Unterstützung von Recherchen, Reisen, Projekten: Auswärtiges Amt Berlin, Goethe-Institut Bogotá, Kunstuniversität Linz, Más Arte Más Acción Bogotá.

Dank an Magdalena Schrefel, die mit mir zusammen aus meinen Notaten ein Buch gemacht hat.

Vorarbeiten, einzelne Textausschnitte und theoretische Überlegungen dieses Textes finden sich in folgenden früheren Veröffentlichungen:

Karin Harrasser, »Die Zukunft der Körper, zueinander«, in: *Frankfurter Allgemeine Quaterly* 4 (2021), S. 76–81.

Karin Harrasser, Sarah Sander (Hg.), *Laute Post. Weitererzählungen aus Kolumbien / Rerelatos Colombianos*, Wien 2021.

Karin Harrasser, »Call – Response«, in: Franz Thalmair (Hg.), *mixed up with others before we even begin*, Köln 2022, S. 20–25.

Karin Harrasser, »Wartung statt Erwartung. Geschichten vom Neu-Machen diesseits von ›cruel optimism‹«, in: Roger Behrens, Frank Beiler, Olaf Sanders (Hg.), *Zukunftsthemen der Bildungsphilosophie. Hamburger Dispute 1*, Hamburg 2022, S. 89–107. https://doi.org/10.24405/14655, letzter Aufruf 10. 1. 2023.

Literatur

Die genaue Angabe der Zitate findet sich in der Reihenfolge ihrer Nennung im Text in Klammern hinter dem Titel.

Edgar Ramos Andrade, »50 años de la dictadura Banzer (1971–78) y 1.000 mujeres víctimas«, {https://rebelion.org/50-anos-de-la-dictadura-banzer-1971-78-y-1-000-mujeres-victimas}, letzter Aufruf 10. 1. 2023.

Svetlana Boym, *The Future of Nostalgia*, New York 2001 (XIV).

Javier Giraldo Moreno, Julián Villa-Turek Arabeláez, Leonardo Luna Alzate, »Paramilitarismos en Colombia. Continuidades y reconfiguraciones en el siglo XXI«, in: Javier Giraldo Moreno, Leonardo Luna Alzate, Ferdinand Muggenthaler, Stefan Peters (Hg.), *Del paramilitarismo al paramilitarismo? Radiografías de una paz violenta en Colombia*, Medellín 2022 (S. 25).

Joël Glasman, »Die Politik aus dem Nirgendwo. Humanitäre Hilfe und die Geschichte schwereloser Institutionen«, {https://geschichtedergegenwart.ch/die-politik-aus-dem-nirgendwo-humanitaere-hilfe-und-die-geschichte-schwereloser-institutionen/}, letzter Aufruf 10. 1. 2023.

Jule Govrin, *Politische Körper. Von Sorge und Solidarität*, Berlin 2022.

Donna Haraway, *Unruhig bleiben. Die Verwandtschaft der Arten im Chthuluzän*, aus dem Englischen von Karin Harrasser, Frankfurt a. M. 2018.

Siegfried Kracauer, *Geschichte. Vor den letzten Dingen*, Frankfurt a. M. 1971 (S. 246).

Audre Lorde, *Our Dead Behind Us. Poems*, New York 1986 (S. 37).

Audre Lorde, *The Audre Lorde Compendium. Essays, Speeches and Journals*, London 1996 (S. 3).

Karl Marx, *Der achtzehnte Brumaire des Louis Bonaparte* (1852), in: *MEW* 8, hg. v. Institut für Marxismus-Leninismus beim ZK der SED, Berlin 1960 (S. 115).

Carolin Meister, Jean-Luc Nancy, *Begegnung*, Zürich/Paris 2021 (S. 8, 104).

Jean-Luc Nancy, *Die fragile Haut der Welt*, Zürich/Berlin 2021.

Paul B. Preciado, *Ein Apartment auf dem Uranus. Chroniken eines Übergangs*, übers. v. Stefan Lorenzer, Berlin 2020.

Eva von Redecker, *Revolution für das Leben. Philosophie der neuen Protestformen*, Frankfurt a. M. 2020.

Michael Taussig, *The Devil and Commodity Fetishism in South America*, Chapel Hill 2010.

Katharina Wojczenko, »30 000 Zeugen unendlichen Leids«, in: *taz*, 30. 6. 2022, S. 10.

KARIN HARRASSER ist Kulturwissenschaftlerin und forscht zu Körper, Technik und Science-Fiction. Sie hat Donna Haraway ins Deutsche übersetzt und war an verschiedenen künstlerischen und kuratorischen Projekten beteiligt. In den letzten Jahren hat sich ihre Forschung auf Fragen der (kulturellen) Gewalt als Element von transatlantischen Beziehungen verlagert, zuletzt erschien dazu *Surazo. Monika und Hans Ertl: Eine deutsche Geschichte in Bolivien.* Sie lebt in Linz, wo sie eine Professur an der Kunstuniversität innehat, außerdem ist Harrasser Kodirektorin des Internationalen Forschungszentrums Kulturwissenschaften (IFK) in Wien.

Erste Auflage Berlin 2023

© 2023
MSB Matthes & Seitz Berlin Verlagsgesellschaft mbH
Großbeerenstraße 57A, 10965 Berlin
info@matthes-seitz-berlin.de
Alle Rechte vorbehalten.

FOTOGRAFIEN: Die Fotos auf S. 67 und 68 stammen von Hannah Hurtzig, diejenigen auf S. 69 und 72 von Sarah Sander. Alle anderen Fotos sind von Karin Harrasser.
UMSCHLAG UND SATZ: Pauline Altmann, Palingen
DRUCK UND BINDUNG: Beltz Grafische Betriebe, Bad Langensalza
ISBN: 978-3-7518-0404-2

www.matthes-seitz-berlin.de

Karin Harrasser
Surazo. Monika und Hans Ertl:
Eine deutsche Geschichte in Bolivien

270 Seiten, gebunden, mit zahlreichen Abbildungen

ISBN 978-3-7518-0353-3

Am 12. Mai 1973 wird Monika Ertl in La Paz im Verlauf eines Feuergefechts von Sicherheitskräften auf der Straße erschossen. Sie ist zum Zeitpunkt ihres Todes Mitte dreißig und Mitglied der bolivianischen Guerilla ELN. Ihr Vater, Hans Ertl, erfährt vom Tod seiner Tochter auf seiner Rinderfarm La Dolorida im bolivianischen Regenwald. Dorthin war der Kameramann Leni Riefenstahls und Rommels bevorzugter Frontfotograf in den 1950er-Jahren ausgewandert. In seinem Umfeld: rechtsnationale Diktatoren und SS-Obersturmführer, deutsche Missionare und jüdische Emigranten, Indigene und scheinbare Zauberkünstler, denen es gelingt, bei voller Sicht unsichtbar zu bleiben. Entlang ihrer Spuren folgt diese Recherche den Linien transatlantischer Verlängerungen nationalsozialistischer Karrieren, spürt dem Engagement der nächsten Generation in den internationalen Netzwerken der Achtundsechziger nach und verzweigt sich dabei bis in die Tiroler Alpen und nach Linz.

»[E]ine überzeugende literarische Leistung. So wie überhaupt die Form des Buches bezwingend ist: als lockere Collage vieler kurzer Episoden und Analysen, angereichert mit Harrassers eigenen Erlebnissen und Gesprächen, mit Filmbetrachtungen und fantasievollen Spekulationen.«

ALEXANDER CAMMANN, *DIE ZEIT Literatur*.